未来への選択

都市と農村の共存をもとめて

宮本 憲一

宮本背広ゼミナール●編

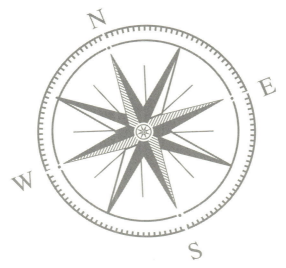

かもがわ出版

環境科学などの若手研究者や市民運動を支援する〈金沢大学宮本賞〉の授賞式で挨拶する著者(2024年11月6日、金沢大学)

〈も　く　じ〉

序章　戦後第3の転換期と混迷する世界と日本……………………… 7

第1部　都市と農村の共存──内発的発展と自治── 11

はじめに ………………………………………………………………… 12

1　農業・農村の危機─食糧自給は国民的課題─ ……………… 14
■高度成長と民族大移動　　14
■農村生活の変貌と新しい貧困　　15
■新自由主義時代の都市と農村　　16
■食料自給率38パーセント──それは国家の危機　　18
■都市的に画一化された農村の生産・生活様式　　20
■下水道とイリイチの問い　　22
■農村政策の不在と農業の企業化　　24
■農業・農村の維持は国民の課題　　27
■ヨーロッパからの教訓──ドイツの農村計画　　28

2　大都市の開発抑制と緑農地の維持拡大 ……………………… 30
■世界都市競争とジェントリフィケーション　　30
■林立する超高層ビルと国土の危機　　31
■緑と農による大都市の成長抑制を　　33

3　内発的発展と都市・農村の共生 ………………………… 37

■地域政策の変化と対立──政府の外来型開発失敗の現実　　37

■内発的発展への道　　42

■内発的発展論の原理　　45

■食と農を中心にした地域づくり　　46

■維持可能な内発的発展へ、その主体へ　　48

第2部　自分史の中から主体的に　　51

はじめに ……………………………………………………………… 52

■絶対平和主義を貫けるか　　53

■少年「志願兵」の悲惨　　55

■近代の戦争の本質と世論形成　　56

■軍拡の動きの中で考えなければならないこと　　58

■沖縄に学ぶ──内発的発展と分権自治　　59

■大宜味村の内発的発展　　61

■第三の琉球処分　　63

■維持可能な発展と環境権　　65

■環境権の法制化と司法へのアクセス　　67

■SDGsは全面改定を　　69

■研究・教育の自由と国立大学法人化　　70

■転換期の中の研究・教育の自由　　72

人名注記　　74

宮本憲一略年譜　　84

解説　都市と農村のドラマに挑んだ時代の遊撃手 ……………… 86

序章

戦後第3の転換期と混迷する世界と日本

　いま世界の資本主義は戦後第3の、そして最大の転換点に立っている。

　戦後第1の時期は資本主義の高度成長の時代で、アメリカのドル体制の下で、公共経済の比重の大きい混合経済であった。アメリカは冷戦時代の覇権を握ろうとして軍事国家を、イギリスは国有産業の大きな福祉国家を目指し、日本は公共事業を中心に重化学工業化と都市化を進める企業国家であった。しかし、1970年代半ば不況が始まり、中近東諸国の石油支配によるエネルギー価格の上昇もあって、国家の介入による景気政策は行き詰まった。不況とインフレーションが同時に進行するスタグフレーションによって、戦後の資本主義の高度成長と福祉国家の時代は終わった。

　第2の時期は1970年代後半から始まる新自由主義の時代である。サッチャー、レーガン、中曽根の英米日3政府に代表される行政改革によって、福祉国家は否定され、民営化、規制緩和をすすめ、社会保障などの政府の介入を制限する小さな政府へと変革した。市民にとっては連帯を失い、自己責任と競争の時代といってよい。重化学工業中心の産業構造はグローバルな金融・情報・観光などの産業の時代へ変わった。この変化の中で、重化学工業中心の産業構造を持ち、自由な科学・技術の発展や情報化・グローバル化に遅れたソビエト体制は、東欧市民の民主主義を求める運動の圧力もあって80年代末に崩壊した。

第3の時期は2008年の金融恐慌から始まった。新自由主義のグローバリゼーションは、貧富の格差、環境の破壊、福祉・医療・教育などのエッセンシャル部門の貧困を進め、南北の対立を深刻化し、自由資本主義の基本的欠陥を明らかにした。このため体制的危機を明らかにする社会意識と運動が広がり始めた。世界経済界の指導者を集めたダボス会議ですら、新自由主義の終焉と株主資本主義からステークホルダー資本主義への改革を提唱せざるをえなくなった。

　だが「新しい資本主義」の模索が始まらないうちに、ウクライナ戦争、中近東紛争が始まり、米中の覇権争いなど戦争の時代が始まった。地球環境の破壊は、気候変動の急速な進行とともに生態系のかく乱からくるコロナパンデミックを引き起こした。これらの非常事態のために、戦後資本主義の第3の時期の政治経済がどのような体制になるのか明らかでなく、スタグフレーションへの混迷の中にある。

　特に日本の政治経済の混乱は深刻である。アベノミクスという異常な財政金融政策によるインフレ政策は失敗に終わり、日本経済は30年以上の停滞から抜け出せない。これに加えて、軍事費という大きな負担を背負うことになった。安倍内閣の安保法制を岸田内閣は引き継ぎ、2022年末に安保三文書によって戦争体制を具体化した。しかも日米安保体制を一歩進めてアメリカ軍の指揮系統に入る共同指令体制を承認した。憲法の恒久平和主義は事実上破棄されようとしている。

　この憲法体制の変化は政治経済社会全体に取り返しのつかない変化をもたらそうとしている。この大きな影響が、学術研究の軍事化である。太平洋戦争に協力した科学者の反省から、戦後の大学や日本学術会議などの研究組織は、軍事研究に協力しないことを目的としてきた。しかし、2021年の学術会議会員6名の任命拒否にみるように、政府は安全保障法制反対の研究者を認めない。国立大学の共通経費を削減しながら、研究者を軍事研究に巻き込む動きが進んでいる。この動きを象徴するかのように、博士号を持った国家公務員の採用が最も多いのが防衛省である。

このような学術研究の自由を侵害することは、国民の基本的人権や言論の自由を侵害する第一歩である。戦前のように公安警察部門が国民の自由な発言を制圧する危険が起こる可能性がある。

　2015年パリ協定で、2050年までにCO_2の排出をゼロにすることが決まり、我が国もそれを承認した。政府はこのためのGX（グリーン・トランスフォメーション）とエネルギー計画を発表した。岸田内閣は当初は自然エネルギーを主役とし、炭素税による規制を提言していた。しかし、その後一変し、炭素税は延期され、エネルギー計画では原子力と石炭火力を中心とする計画になった。これは九電力体制を維持するための政策であり、また、依然として経済界の中心にある重化学工業企業を維持するための計画である。これではパリ協定を守ることはできず、SDGsも挫折する。

　裏金政治が問題となっているように、日本の政治経済の現状は大きな変革が必要である。このためには市民が未来の主体であることを自覚して、現状を変えることが必要である。しかしそれは簡単なことではない。

　ここではこれまで私が経験してきた現状改革の経験と課題を述べたい。

　第1は憲法の恒久平和主義を守り、改憲に反対し、日米関係を支配と従属から対等と自立へ向かうことである。特に沖縄戦の再現を止めるために南西諸島の日米要塞化を止めることである。

　第2は学術研究の自由を守るための行動である。高等教育機関や学術会議の法人化による政界・経済界の介入を阻止し、自治による改革を進めることである。

　第3は1970年の国際社会科学評議会東京シンポジウムで世界最初に提唱した環境権が、いまだに日本では法制上も、裁判においても承認されていない。沖縄の辺野古基地建設に見られるように、世界で最も貴重な自然海域が埋め立てで喪失する。2022年国連加盟国の80％以上が承認した環境権を確立することで、これ以上の自然破壊を制御しなければならない。

　第4は農業・農村を維持する地域政策のための内発的発展と自治を具体化することである。エネルギー換算で食料自給率は38％という危機的状況

である。日本と同じように中山間地域が70％を占めるイタリアですら自給率は60％である。戦争や地球環境危機の下では敗戦前後のような飢餓状態が繰り返されない保証はない。しかも、高齢化し、人口減少で集落が崩壊した農村は用水や森林を維持できず、国土の荒廃と災害の増大は避けがたくなっている。これは農民の責任でなく、都市の住民の責任でもある。

　以下の本論は、このような危機に対して、歴史の生き証人として、またこの課題の解決が市民の生存をかけた社会的責任であることを述べた講演である。

[第1部]
都市と農村の共存
─内発的発展と自治─

イタリア・ラベンナを調べる。環境再生の取り組みで干拓地が湿地公園に再生された＝1998年

はじめに

　信州宮本塾（旧・望月宮本塾）は、1992年に農村の内発的発展を目指し、同時に私の農業・農村研究の場として望月町で発足した。当初は長野県だけでなく、群馬県など隣県の住民の参加もあり、100人を超える名簿登録があった。毎回30人ほどが参加する勉強会であった。毎回の勉強会の記録は、ガリ版刷りで残っている。

　馬券売り場反対などの住民闘争を経て、1999年塾の事務局長、吉川徹さん（町の社会教育主事や開発担当職員を歴任）が、望月町長に当選した。吉川町長は、美しい水環境のまちづくりなどをかかげ、住民の期待を担った。そこへ政府の市町村合併政策が押し寄せた。町会の多数派議員は無謀な施設づくりで出た赤字を市町村合併による特例で解消しようとした。他町村の合併派の大量動員などもあり、吉川町政は次の選挙に敗北した。

　望月町は佐久市に合併された。2001年から私は滋賀大学長になり、政府の国立大学法人化に反対して苦闘したこともあり、長野に毎月出張することは不可能になった。

　これらのことがあって、望月宮本塾は一時休業していた。しかし、塾生の強い意志もあり、2005年から信州宮本塾として再生した。それ以後、塾の勉強会は、毎月ではなく年数回に縮小したが、塾生はこの地域最大の政争となった佐久総合病院の再編に協力し、また、無謀な佐久市総合文化会館建設中止の運動などにも協力した。市町村合併と政府の農村政策の失敗もあり、残念ながら旧望月町の人口は減少を続け、農地の放棄や限界集落が増えてきた。鹿や猿の野獣の増大による農業被害も増えている。

その一方で、近年は旧望月町には県外からの新しい農業志望者や農産物の加工業者、地域に根差した芸術家など文化事業の従事者が増えはじめている。再生エネルギーと有機食料の循環などの課題に取り組みを始めている。佐久総合病院の地域医療の力を土台に、今後佐久市と周辺農村部の共生を進めることが課題である。

　この論考は、2024年8月の信州宮本塾での恒例の講演と、7月の佐久総合病院の第63回農村医学夏季大学講座の記念講演の内容を総合したものである。序章で述べたように、戦後第3の時期の展望はまだ見えてこない。ここでは今日の地域経済社会の危機について、特に農業・農村の危機を明らかにし、未来は都市と農村の共生という地域再生なくしてはありえないことを述べている。

農村の維持可能な発展を考えて長野県佐久市を舞台に「信州宮本塾」を主催してきた。地元の有機米で仕込んだ銘酒「信濃のかたりべ」を育ててきた＝長野県佐久市

1　農業・農村の危機—食料自給は国民的課題—

■高度成長と民族大移動

　振り返りますと、高度成長の時代、1950年代から70年代にかけて、急激な人口の移動が起こりました。極端に言えば、世界史における最大の民族移動だったのではないかと思います。1950年の都市人口が3120万人、全国比38％だったのですが、1970年には7500万人、全国比72％になります。つまり4千万人という大人口が、このわずかな時期に農村から都市へ向かって動いたわけです。スウェーデンの5倍にあたる人口が、地方・農村から都市に流動したというような国は、どこにもありません。紀元4世紀から6世紀にかけての農業民族ゲルマンの南下を、世界史では「民族大移動」と呼びますが、それを超える人口が短期間に東京・名古屋・大阪の三大都市圏に向かって大移動しました。

　この人口移動の原因は、就職と進学を理由とした地方都市・農村の若年労働者の移動でした。さらに、1960〜70年代には、中年層の農民の出稼ぎが続き、農業人口は劇的に減少しました。もともと都市は集中・集積を経済的な利益の源泉とします。それゆえ民族大移動として人口や企業が集まったわけですけれども、その結果、集積不利益と呼ばれる現象として公害が多発し、交通が麻痺し、水不足が起き……というように、次々と都市問題が発生しました。もともと日本は農村社会でしたから、急激な大都市化に適合した社会資本が備わっていなかったので、市民の生活困難や公害・災害が生まれたのです。

　大都市化が進んだのは、外部・内部の集積利益を取得するために大企業

を中心に生産・流通・管理部門が大都市に立地したためです。エネルギー・水・道路・鉄道（新幹線）・港湾・空港などの社会資本が大都市、特に東京圏を中心に整備されました。日本は国土の68％が森林で、海岸線の長さは2万7千キロありますが、東京湾と大阪湾・瀬戸内は33万ヘクタール埋め立てられ、自然海岸は東京湾で1.8％、大阪湾で4.4％になってしまいました。

他方、集積の不利益として世界を驚かせるような環境破壊とともに公害が多発しました。1950～70年代、大都市圏の大気汚染・水汚染・騒音・振動は、深刻な健康被害を引き起こしました。

このため公害反対運動や市民運動が起こり、各地で革新自治体が生まれたのです。美濃部亮吉知事の東京都政や黒田了一知事の大阪府政、蜷川虎三知事の京都府政、飛鳥田一雄市長の横浜市政、本山政雄市長の名古屋市政などです。それは、都市政策が遅れていた証拠ではありますが、この時代には幸い市民運動やその他の圧力があり、公害問題の解決、都市問題についても一定の解決を見ました。これは革新自治体と呼ばれた自治体の成果だったと思います。

市民の世論と運動の成果で1970年に環境14法ができ、四大公害訴訟の原告側の勝訴をみるまで、大都市圏を中心に被害は全国に及びました。被害者は低所得者であり、高齢者と年少者、いわば社会的、生物的弱者に多かったのです。

しかし、1970年代後半以降、環境政策の後退が始まります。公式発見70年を経ても水俣病はいまだに解決せず、近年も原発公害やアスベスト（石綿）公害などが発生しています。

■農村生活の変貌と新しい貧困

農村の変貌は深刻でした。戦前の日本は寄生地主による収奪と相対的過剰人口による貧困が課題でした。戦後改革で寄生地主制が崩壊し、自作農

中心の農業生産に変わりました。当然ですが、相対的に農業生産力が高まると、労働力が余剰となりますので自作農中心に農業が変化する。その中で、相対的過剰人口が所得と雇用を求めて大量かつ急激に都市へ流出し、農業の新規従事者は激減し、過疎化が始まりました。

　それだけではありません。この間、農村が都市化しました。もともと農村は自給自足経済なのですが、それが商品市場経済に代わり、農業生産も市場競争に取り込まれました。その過程で農村も都市化していきます。都市生活と同じような商品消費経済に進むと、燃料は薪・木炭からプロパンガス・電力へ、自家製の食料は魚獣肉・野菜・パン・嗜好品などの商品に代わりました。井戸水・用水は上水道に、ごみ・し尿は自家処理から公的処理になりました。通勤・通学・買い物などの日常生活のために交通が増え、マイカーや公共交通が必需となり、このための道路・鉄道建設が必要になりました。農業経済の変化だけでなく、農村生活が急激に変わったことが、実は農村の危機のもうひとつの原因であると思います。

　農村生活様式の無原則な都市的生活様式への変化が、農村の環境を破壊し、過疎を加速させました。雇用や所得格差だけでなく、教育・医療・福祉・芸能・文化が優位な都市生活の利便性が、若年人口の都市への流出の原因となりました。さらに、農村の若年人口が減ると、今度は中年の人口が出稼ぎで大幅に動いていきます。これが高度成長期における重大な農村の変化であり、日本の歴史が始まって以来の農村の変貌が起こりました。

■新自由主義時代の都市と農村

　序章でも触れたように、戦後第2の時代、1980年代半ばから新自由主義の時代が始まりました。そのとき都市と農村はどうなったでしょうか。産業構造は商工業から金融・情報・観光の時代へ、巨大な国際資本によるグローバリゼーションの経済支配体制に入りました。自由競争の時代に入り、所得再分配などの公共政策は縮小、自己責任が原則となりました。

この新自由主義の時代、政府の地域政策は後退し、土建国家と言われた
日本の公共事業は1980年代に比べると半減しています。過疎対策以来政府
の農村政策の中心であった公共事業の激減は、農村の副業に打撃を与えま
した。アメリカの農業資本が世界を支配するようになり、自由化政策は海
外の食料などの輸入の増大、農産物価格の下落を招いたのです。1980年が
転換期だったと思いますが、政府は家族経営から法人化・大規模経営を推
進し、輸出農業化を奨励するのです。

　各種の統計を見れば、農村が壊滅的な状態にあることがはっきりしてい
ます。いまや農業生産額はＧＤＰ（国内総生産）の１％を割っているわけ
ですね。2020年度、４兆6585億円でＧＤＰの0.9％。その内訳を見ると、
コメ１兆6431億円（18.4％）、野菜２兆2520億円（25.2％）、果実8741億円
（9.8％）、畜産物３兆2372億円（36.2％）などとなっています。生産額では、
コメは1984年度をピークに減少しています。これまで農産物はコメが中心
だったのですが、そのコメが18.4％で、実際には他の作物の収益が多くな
ることで、農業の経営者が急激に減っているわけです。特に個人経営です。
農業経営体は、2010年167万９千戸から、2021年度103万１千戸に、うち個
人経営体は164万４千戸から99万１千戸に急減しています。農地面積は、
1960年607万ヘクタールから2022年433万ヘクタールへ、田の耕地面積は
2010年から10年間に205万ヘクタールから177万ヘクタールに減少。日本の
農業は個人経営中心だったのですが、2000年に入って半減してしまいまし
た。

　農業従事者は、2010年454万人から2021年229万人に半減し、自営農業の
平均年齢は68.4歳、70％が65歳以上です。国語の辞書を開けば、農村の定
義は「人口に占める農民が多い地域」となっていますが、いまや農村とい
われる地域の農民の割合は20％を割るぐらいです。現実の「農村」は、農
業主体が30万経営体、副業経営体が60万経営体になっています。実際、農
地１ヘクタール以下が52％です。副業としての経営が中心となり、農村の
住民の多数が第３次産業に従事して、農民主体の農村と言えない状態が始

まっているのです。

　農業の産業としての価値が問われているわけですが、なにより農業は国民の生命の基本であり、農民が国土の自然、つまり地球環境を維持しているのです。国土の自然の70％は農村にありますので、農村を維持しなければ国土は保全できないのです。ですから、市場経済で見て農村・農業にはもう力がないとか、農村はもう環境としての意味がないというのは、大きなまちがいで、実は、今の状況は国民的に非常に大きな危機が迫っていることを示しているのです。

■食料自給率38パーセント──それは国家の危機

　新自由主義、グローバルな自由競争、貧富格差、環境破壊、生態系の混乱が、日本を危機に立たせているのですが、その最も重要な指標は食料自給率ではないかと思います。日本の食料自給率は、カロリーベースで2022年度38％（図表1、2020年度は37％）です。農産物の輸入額は9.2兆円、うち農産品は6.8兆円、畜産品2.5兆円です。肥料原料輸入は62％、極端な貿易依存です。多くの先進国が食料自給率60％以上を維持していることと比較すると、まさに亡国の自由化政策といえるでしょう。

　次の図表1は、各国の食料自給率、生産物の内容について、エネルギー換算で比較したものですが、日本が異常な状況であることは一目でわかります。国土の自然でイタリアは日本と似ており、70％が中山間地域です。つまり、イタリアと日本は自然状態から言えば全く同じなのですけれども、イタリアの食料自給率は60％ですから、全く比較にならない。それほど日本農業は衰退していると言ってよいでしょう。フランスでは125％、イギリスも60％を上回っています。このぐらいでなければ先進国とは言えません。

　商工業も農業も自立できている、これが先進国だと、私は昔から定義してきましたが、日本は1980年以降、先進国ではなくなりはじめたのですね。

図表1　食料自給率の国際比較（試算値）　　　　（2018年、日本は2020年度）

	日本	アメリカ合衆国	イギリス	ドイツ	フランス	イタリア
穀　　　　類	28	128	82	101	176	63
食用穀物	63	156	79	115	169	73
うち小麦	15	152	83	124	183	62
豆　　　　類	8	191	45	11	77	43
野　菜　類	80	86	43	42	72	149
果　実　類	38	67	13	37	65	109
肉　　　　類	53	114	77	122	103	74
卵　　　　類	97	103	93	71	99	98
牛乳・乳製品	61	102	88	106	104	85
魚　介　類	55	65	65	27	29	17
食料自給率[1]	37	132	65	86	125	60

1）カロリー（供給熱量）ベース　　　　　　　　　　　　　　　　　　数字はパーセント

資料）公益財団法人矢野恒太記念会　編集・発行『日本国勢図会2022/23 第80版』（2022年）p134。

農業が産業として自立する基本がなくなっている状況では、日本は先進国というわけにはいかないのです。

　ここまで追い込んでしまったのは、都市化の結果であり、かつ国の産業政策のあり方や企業の行動に基本の問題があったわけですから、自給率の回復は農民の課題ではなくて国民的な課題だと言わなければなりません。しかし、その自覚はどうもない感じです。

　特にいまの政党、保守政党に自覚がないというのは非常に深刻です。1970年代、田中角栄政権までの時代はそうではなかったのですが、それ以降における自民党政府は都市政党になってしまいました。

　政府は1999年、食料・農業・農村基本法を制定しました。農業が第3次産業化していることを前提にして、農業・農村を維持するには農産物をた

だ売るのではなく、加工したり観光事業に使ったりして付加価値をつけて「6次産業化」を図るとともに、農村の再生を新法の中に入れたのです。しかし、具体的な政策が動かない。さらに今回、この法律を改正して2030年に自給率45％を目指すとしましたが、期待に反して自給率向上を政策の中心を置くようにはなっていません。依然として自由貿易で輸入を拡大する、輸出を拡大するという基本線は外していないのです。

　本日の会場では、私がいちばん年寄りで94歳ですが、私は戦中から戦後にかけての飢餓時代を経験しています。戦争後、イモの本体を食べられないのでその葉っぱや茎を食べたという時期を経験した世代からすれば、いかに食料の自給が必要なのか、よくわかっているのです。今はスーパーに行けば何でも売っている、それがなくならないと危機だと誰も考えてくれないわけです。このへんでその意識を直していかないといけないと思いますね。

　ロシア・ウクライナ戦争などで世界の自由貿易が制約され、今後さらに地球温暖化によって災害や農業環境に重大な変化が予測されている。そうなると、日本は第2次大戦直後のように飢餓線上に陥る危険が出てきます。繰り返しますが、今の農村の自給率の縮小と農村の課題というのは、農村の農民の課題ではなくて、都市を含めた国民全体の課題なのです。もちろん、まずは農民の課題です。農業に従事する住民を減らしてはならない。だけど、同時に、それを農民の課題だとだけ言ってしまってはいけない。まさに市民の課題なのです。都市も危機にあるということも後から述べたいと思います。

■都市的に画一化された農村の生産・生活様式

　戦後、日本農業は大きく変化しました。これは国民の生活の洋式化、特にコメ中心の食生活の変化が原因です。戦争直後の食料危機の時代に、アメリカの農産物が給食などの主体になりました。さらにこれを急激に推し

進めた政府の貿易立国をめざす成長政策が大きい。とりわけ企業化を進めた農林漁業政策に根幹があるといってよいでしょう。これは多くの研究者が同意していることですが、私はこれに加えて、自給自足の生活様式から商品経済という都市的生活様式への体制的変化があると規定しています。

衣食住を自力でなく都市型の企業の生産に依存する、食料・エネルギーを自家製でなくスーパーやコンビニエンスストアなどに依存する、人間と家畜のし尿や廃棄物を肥料化など完全循環しないで下水道や清掃工場に依存する、用水を管理しないで上水道を整備する、林産物は外国の輸入に任せ間伐をしないで放置する──といった具合です。

このように、共同体の自己管理でなく市町村の公共事業の社会資本に依存する生活様式は、狭い面積に人口、集合住宅、大規模事業所などが集積し、社会的連帯が不可欠な都市が生み出した空間利用です。それは、集積利益を最大にする都市の生産・生活のものなのです。本来の農村はこれとは反対に、広大な自然と資源に囲まれた村落共同体として、公害や混雑のない分散の利益を享受し、自然と共存した生業としての生活様式でした。その自然と人間と動植物が共存した共同体を、集積利益が機動力である資本主義が押しつぶしたのです。特に、急激に地域政策を都市に一元化した戦後日本は、都市とは空間原理の違う農村・農業を破壊しました。生産・生活様式が都市的に画一化していく社会では、都市が農村より優れているということになります。若者が離農し離村するのは時の勢いでしょう。

こうした農業・農村政策が日本の環境を破壊し、生活の基盤である食料・水・エネルギーを危機に陥れているのです。国際独占資本の支配する経済のグローバリゼーションはこの傾向を促進し、加えて戦争や気候変動や災害の増大という地球環境の危機が、日本の国土の未来を暗いものにしています。

ここまでに至ったのは、都市化の結果であるとともに、生産構造のあり方、産業政策のあり方に基本の問題があったためです。1980（昭和55）年が転機だったと思います。私はこの年、日本初となる『都市経済論』（筑

摩書房）を刊行しました。都市は農村がなければ死滅すると考えていたので、農村研究が必要だと北海道や長野県を調べはじめました。

　今思えば、この頃が日本の農政の転機で、それ以降の日本農業の衰退は著しい。自民党はもともと農村政党だったのですが、今は違います。農村政党だった自民党は、なんとか農村に資金を出したいと公共事業を導入し、農村の雇用を維持しようとしました。特に田中角栄元首相は熱心で、自民党は補助金政策で農村を支配してきました。公共事業、とくに道路が中心で、さらに昭和の町村合併前後には役場・公民館・劇場などの施設が造られました。公共事業補助金というのは農村向けだったわけです。

　しかし1968年、田中政権は大都市の革新自治体化に対応して、自民党として最初の都市政策である「都市政策大綱」を発表します。それは、都市政策の主体を自治体から民間企業へ移動させようという内容で、新自由主義の始まりでもありました。これ以降の自民党政府は次第に都市政党化していきます。

　私は、日本の農村を駄目にしたのは、生産方法、生産様式だけではなく、生活様式や文化にあると思っているのです。日本の農村はもともと商品経済ではなく自給自足でやってきました。村落共同体が森林や水、エネルギーを供給、保持していました。その村落の持っていた生活様式を、公共事業中心の補助金政策を軸に破壊してしまったのです。

■下水道とイリイチの問い

　典型的な例が下水道です。1980年代、都市化の中で日本の公共投資は道路とともに下水道に重点が置かれました。

　都市は集積の利益を上げたら発展しますが、農村は自然と共存する分散の利益で維持されているのです。都市と同じように集積利益を農村で上げようとすると膨大なお金がかかるし、事業が破綻することさえある。都市は集積利益があり、集積しているからこそ上下水道やエネルギーが効率的

に運営できる。他方、農村のように分散して自然の中で農家の暮らしが営まれているところで、都市の社会資本と同じ事業をすれば、巨額の費用がかかるだけではなく、赤字に陥り、うまくいきません。1980年代、政府は沖縄の離島に至るまで幅広く上下水道を普及しました。その結果、いちばん赤字となるのが上下水道会計です。当たり前ですね。住居が広く分散しているので、初期投資にお金がかかり、管理費もかさむのですから。

　1985年のメキシコ地震のすぐ後に、メキシコの哲学者イヴァン・イリイチが私たち公害研究委員会に会見を申し入れてきました。最初に尋ねられたのは、どうして日本は都市のし尿を肥料にするという完全循環方式をやめて下水道を引いたのか、という問いでした。公害研究委員会のメンバーは都市政策論者が多かったものですから、都市には下水道があるのは当然ではないかと思っていました。だから、この質問に戸惑いました。

　ところがイリイチは、メキシコ地震のときに下水道が破壊されて都市の中心部はし尿があふれ、伝染病が蔓延し、窮状に陥ったが、し尿をくみ取って肥料としていた地域は安全だったというのです。そうした経験もふまえて、なぜ都市だけでなく、農村に下水道を引き、なぜ湧き水、井戸水ではなく広域の水道を引いたのか、という質問に、私たちは正直、お手上げとなりました。

　日本人は都市的生活様式が近代的だと考えているから、その都市的生活様式に農村を押し込んだということについて、まったく罪の意識がないわけです。よく考えれば下水道を引かなくとも共同浄化槽方式などで十分に衛生的に処理できるのです。完全循環方式のほうが環境政策としても農村政策としてもすぐれているのです。

　最近では、上下水道経営がうまくいかなくなると広域化に向かう。広域化するとますます問題が難しくなる。広域化して巻き込んだ農村部の負担を都市部が背負うことになるので、対立が起こる可能性がある。そこでどうするか。次は新自由主義の下で、赤字経営体を民営化にする傾向がある。しかし、民営化では安全が保障されず、料金が大きく上がります。その批

判から、最近ではイギリス、フランスで水道は民営化をやめて再公営化に入りつつあります。日本の場合、広域化が駄目だったら次は民営化に向かっている。しかし、これでは問題の解決はつかないでしょう。

能登半島大地震でいつまでも給水ができない状況が教訓として示したように、農村では広域水道に依存せず、集落単位で水源を確保するのが、災害の時代にも必要なことなのです。また、下水道ではなく、自家処理と肥料化がのぞましいのです。

■農村政策の不在と農業の企業化

日本の地域研究においては、農業政策はあったかもしれませんが、農村政策がなかった。そのことが欠陥ではないでしょうか。あるいは、農村政策が都市化を進める方向に一元化することによる失敗があったのではないでしょうか。農村が持つ歴史的・伝統的な村落共同体を、どういうふうにこの近代社会の中で維持発展させていくかという議論を十分にやってきませんでした。農学部もそうです。どうやって農業生産を維持し、発展させるかを重点的に研究しても、農村をどう維持するかという視点が欠けていたのではないか。

1968年、当時私が勤務していた大阪市立大学では、「地域経済論」という講座を国公立大学で初めて開講しました。国民・国際経済は地域経済から構成され、多様な地域から形成されているにもかかわらず、日本は近代化を急ぐために中央集権体制で、地域の多様性を無視してきました。そのために国土の不均等な発展が経済の障害となってきました。高度成長過程で地域経済研究の必要が明らかになってきたのです。そこで、地域経済論の講義を開講し、まず、都市経済論を体系化しました。農村の存在によって都市が維持できていることは、歴史的にも明らかです。都市と農村をどう共存させるか。これは産業革命以後の社会科学が歴史的にいちばん悩んできた重大課題です。

社会学者・マンフォードは『都市の文化』（生田勉訳、鹿島出版会）という古典の中で、都市は農村があってこそ維持できる、農村がなくなったら都市はなくなると言っています。農村をいかに都市が維持していくか、これはエコロジカルな都市論の中心の命題です。

　そこで前述のとおり、1980年代に入ってから農村の研究を始めたのですが、1992年、信州・望月を拠点に「望月宮本塾」（現・信州宮本塾）を設けて、地元のみなさんと一緒に農村の勉強をさせてもらってきました。ここでわかったのは、農業経済学者はいるけど農村経済学者がいないということなのです。村落共同体があって農業や林業が維持されている、そういう村落共同体、つまり農村というものをどう考えるかに関して、研究者の議論、国民の議論は十分ではない。

　日本は戦前から戦後にかけて農村社会だったのです。その後、急速に都市化していく過程でものすごい都市問題が起こりました。私は、都市研究の第一人者・柴田徳衛さんたちと一緒に都市経済論を構築したわけです。市民の公害反対や福祉を求める市民運動が起こり、それを背景に研究者の調査研究や提案の結果、各地に都市政策がひろがる中で、前述のように革新自治体が誕生します。

　このように、都市政策や都市経済論というのは後から出てきたもので、入会権の問題にみられるように戦前からの地域研究は農村研究だったのです。しかし戦後、本格的な農村研究をなくしてしまった。政府・自民党自身も肝心の村落共同体をどうするか十分に論議することなく、過疎対策を推し進めた。道路を整備し、役場を建て、施設を造るためにどう補助金を出せばよいか、まさに公共事業主義を過疎対策と位置付けたわけです。過疎農村を守るための補助金政策が自民党の政策だったのです。

　しかし、1990年代後半以降、農村対策としての公共事業も縮小しはじめています。公共投資の総額も半分近くにまで落ち込んでいる。人口減や災害防止のための社会資本の必要から農村集落を廃止して、コンパクトシティ政策を進めつつあります。

いま農業の企業化が急速に進んでいます。個人農業の法人化も増えつつあるが、それ以上に企業が農業に乗り出しています。農業基本法以来、政府の農業政策は法人化と大規模化で、農村対策は公共事業の推進、過疎対策・地方再生政策でした。農業企業がどんどん増えて、2017年2万5千社から2022年3万2千社に、いまでは農産物販売額の約40％、年500万円の販売規模の企業が30％近くを占めています。

　これはどうしてかというと、それまでは農地を管理する農業委員会によって農地の転売・借用は厳格に規制されていましたが、2009年、農地リース方式により農民以外の農地所有が全面解禁され、今や耕地の30％がリースです。企業を軸に大規模化が進み、1社あたり平均面積28ヘクタール（全国経営規模平均の9倍）です。そして、49歳以下の新規就農者の50％は企業雇用（全体では10％以下）なのです。つまり、半分が農業企業に勤めているわけです。他方、国が助成する農業法人の研修生の30％は4年以内に離農する。就農しても75％の農業者の生計が立たないという報告も出ています。

　先般、三菱総研が出した推計が、日本経済新聞に「農家が8割減る日『主食イモ』覚悟ある？」（2023年9月18日）という記事で紹介されました。2020年の117万戸（農業法人を含め）が2050年に17万戸に減る。2016年から2021年の収穫量の減少が続く。ホウレン草は2040年ゼロ、大根は2050年に半減、米は2050年に291万トンで2020年比50％減、肥料の原料100％輸入。農水省は輸入に頼らねば主食イモとなり、食糧備蓄は1か月しかないという内容です。

　政府は、食料・農業・農村基本法を見直すとしていますが、東京大学農学部の鈴木宣弘教授は、この改正も自給率軽視で農産物の価格引き上げや農業技術の引き上げを進めなければならないと指摘します。それとともに、解決の道は個人経営の農業従事者を増やす以外にない。そのためには農業技術を持っている農民を指導者に市民に農業を教授し「半農」の時代を作る以外にないと提言しています。

■農業・農村の維持は国民の課題

　これまでお話ししてきたように、農村の疲弊の原因は、高度成長期以来、空間原理と生活スタイルの違う農村に画一的な都市化政策、特に商品消費のための市場化、また、下水道普及に象徴される都市的生活様式に画一化したことによるものです。さらに、格差是正の地域開発政策は、農業の発展ではなく工場やレジャー産業誘致のような外来型開発や都市型の公共事業で、農村の資源や環境を破壊しました。

　他方、国民の生活様式の洋式化、特にコメ中心の食生活が変化したことが原因でもあります。コメの消費は1人当たり1962年度118.3キロが2002年度51.5キロへと半減し、その後も減少を続けています。かつてマルクスは、水田経営中心の生産・生活を「アジア的生産様式」と呼びました。私は学生時代にこれを読んで衝撃を受けたのですが、マルクスは西洋との違いを非常に重視していました。西洋は畑作で小麦ですね。アジアは水田経営を中心にした農村経済構造ができあがっていたので、マルクスは「アジア的生産様式」としたのです。しかし、日本はこの水田経営を中心にした農村経済構造を壊してしまった。水田経営は森林や水やエネルギーを基礎にしていたので、コメづくりをやめると、全体としての国土構造を壊してしまうことになるのです。

　これはみなさん全員に、つまり、国民全員に問いたい課題です。農業・農村の主体をどのように形成するか。農産物の価格を引き上げ、個人農家主体の農業が生業として成り立つための生活保障、農村公共事業、特に災害に備えた強靱な社会資本造成の計画、農業後継者養成プランなど、思いつくプランが出てくるでしょう。しかし、今日の日本の状況を変えずにそれは実現できるでしょうか。古来、「大砲とパンは両立しない」という名言があります。日本の財政金融は限度に来ていて、実際、巨額の財政赤字と日銀による国債の半分の引き受けという異常状態に陥っています。そこ

に軍事費を２倍にする予算を組んでいる。本当に今、日本の農村をどうするのか。この重大問題を国民的に議論しなければなりません。

■ヨーロッパからの教訓──ドイツの農村計画

　欧州ではこれまで戦争を繰り返してきた経験があるので、都市は自ら食料を自給しなければならないという考えが根付いています。ドイツは有名なクラインガルテン（Klein Garten）法があり、市民は一定の農園を持つという権利があるのですね。だからドイツでは、農園を一緒につくらないとニュータウン建設を認めないのです。そのように農業がないと戦乱の中で生きていけないわけです。かつて旧ソ連や東欧が混乱したとき、私は飢餓人口が増えるのではないかと懸念したのですが、なんとかもちました。その理由は、市民が農園を持っているからにほかなりません。ロシアの人もハンガリーの人も持っている。ところが、都市の日本人には農園がありません。大都市の超高層タワーマンションに住むのが誇りというのであれば、いざというときにどうなることでしょう。

　ドイツは農村集落計画を持っています。1980年代終わりごろ、ドイツでも有名な農村計画を持っている、ドイツ南西部バーデン・ビュルテムベルク州のデルチンゲン集落（Dertingen）を視察しました。ドイツの農村計画は安易な都市化をしないという計画です。ですから建物は農村の伝統的な一番いい建物の様式を守る。道路は自動車専用道路をつけない。曲がりくねった道路でいい。井戸も残す。なにより土地利用計画を農村に持たせる。日本は土地計画が持てるのは都市だけです。

　しかも、ドイツは都市計画と同様に土地計画と社会資本整備計画をきちんと立てているのですね。日本には農村学がなかったと先ほど言いましたが、それはドイツに行ってみるとはっきりわかるのです。非常に美しい農村があちこちにあります。都市にはない美しさがある。安易に都市的生活様式を持ち込まず、農村独自の自然景観や農村美を残している。そういう

農村の生活様式と景観を残す政策が日本にはなかったことが、ヨーロッパに行くと気づきますね。これは今後の日本の農村の蘇生の参考になるでしょう。

　この講演で強調したいのは、自給率の縮小と農村環境の破壊は、農村の農民の課題ではなくて市民の課題ということです。どう食料自給率を上げるか、どう農村環境を残すかは、市民の課題なのです。もちろん第1には農民の課題ですよ。自分の生きている場所ですからね。だけど、同時にそれを農民の課題とともに市民の課題だと理解しなければなりません。そのことをわかっていただくために、今の日本の都市政策が新自由主義の下で緑農地のない危険な集積集中をしている状況について、話を進めます。

イタリア・ミラノのパルコ。都市全体を公園化する環境優先の都市計画が根付く。写真の北パルコは600ヘクタールあり、農地、公園が配置されている＝1997年

第1部　都市と農村の共存―内発的発展と自治―　29

2　大都市の開発抑制と緑農地の維持拡大

■世界都市競争とジェントリフィケーション

　ここから都市の戦後史に移ります。冒頭に述べた戦後第1期の高度成長の時代が終わる頃に、各国の大都市の商工業が衰退しました。かつては大都市の最も重要な都市のまんなかに工業地帯がありました。例えば造船業など重化学工業のあったイギリスのテムズ川周辺部などですが、そうした都心が衰退しはじめていくのです。それがその後、金融・情報・観光という新しい産業によって再生していくわけです。つまり、1980年代以降の新自由主義と経済グローバルの時代に、ロンドン、ニューヨークが先駆となり、大都市は商工業の中心から金融・情報・観光資本の中心になりました。国際資本の管理中枢都市＝世界都市を目指して、都市間競争が始まりました。新しい産業の主体は、企業サービスや国際金融機関の中間エリート層です。商工業の停滞で衰退していた都心は、金融情報産業の成長で彼らの仕事場や住居となり、また、観光のための芸能文化施設や高級レストラン・商業施設が集中するようになりました。

　私は、1977年にニューヨーク市の財政を調べましたが、全米最大の重化学工業や商業が衰退し、財政危機に陥り，治安の悪い都市になっていました。しかし、新自由主義が台頭するなかで、その頃から金融・情報中心の街に変化していきます。中心部に勤めている人たち、情報や金融産業に働くミドルクラスの上の階層が都市の中心部に住むようになってくるのです。それまでは工場労働者や商業労働者が中心だった都市の中心部は、エリートが住むところになり、非常に発展してくるのですね。まさに新自由

主義によって大都市自身が様変わりをしていくわけです。いわゆる都心の ジェントリフィケーション（空間の高級化）に応じて、超高層ビジネスセン ターと分譲マンション・スカイビルの建設が流行となりました。ちょう どニューヨークにいた1983年に気がついたことですが、5番街に202メー トルのトランプタワーが建つのです。トランプ元大統領が建てたこのタ ワーは有名で、その後、次々とトランプタワーができていくのです。これ はジェントリフィケーションの象徴ですね。大都市のエリート層や中間管 理層の住宅の理想が超高層住宅であり、大都市の流行となっています。世 界都市ロンドン・ニューヨークから始まった波が、東京・大阪・名古屋な ど日本の大都市圏と地方中心都市を巻き込みました。

■林立する超高層ビルと国土の危機

　戦前、大阪のメインストリートである御堂筋は、周辺の建物は高さ百尺 （約31メートル）までに高さを揃え、大きな道路を整備し、両脇に並木道を つくる素晴らしい都市計画を行いました。これは理論と実践を統一した名 市長、関一（せき・はじめ）の都市計画でした。

　しかし、その伝統は崩れました。新自由主義を進めた小泉純一郎政権は 2002年、都市再生特別措置法による高さ制限と容積率の緩和で超高層ビル の建設を促進しました。さらに安倍晋三政権は大手不動産の都心改造促進 のために戦略特区を設けて規制緩和し、タワーシティづくりを進めまし た。2022年12月末現在、20階以上の高層分譲マンションは全国に1,464棟、 これは10年前の1.4倍です。東京に470棟、大阪263棟、神奈川141棟などと なっています。このほか事務用ビルが多数あります。

　超高層ビルは地震で倒壊しなくても、家具の転倒、エレベーターの長期 停止、食料・水の停止、避難生活の困難などが発生します。耐震装置を厳 重にすれば容易に倒れませんけれども、大きな地震があると内部はガタガ タになってしまう。水道が止まり、エレベーターも止まる。その教訓に

第1部　都市と農村の共存―内発的発展と自治―　31

なったのが、2011年の東日本大震災です。このときの地震で、大阪・関西万博が計画されている近くにある埋立地に建つ大阪府の超高層庁舎のエレベーターが動かなくなりました。超高層ビルの弱点が明白になったのです。この経験から気象庁は、2023年2月1日から緊急地震速報に長周期地震動の情報を出すようになりました。超高層ビルでエレベーターや上下水道が止まったらどうなるか。これから大地震が予測される時期に、超高層ビルが立ち並ぶ都市では大変大きな被害が出るだろうと思いますね。

アメリカの経済学者ウイリアム・タブは、「二都物語」といって、ニューヨークのエリート層と移民などの住宅問題の対立を指摘しました。最近では政治学者のマイケル・リンドが、大都市の超高層ビルに住むエリート層と地方土着の住民の対立を「新しい階級闘争」と表現しています。元東京大学総長で文芸評論家の蓮實重彥は、「21世紀の日本の首都における超高層ビルの林立はその国の凋落を予言しているように思えてならない」と随筆に書いています。至言でしょう。

東京都は超高層ビルをいまの2倍、造りたいのです。代々木の森の改造もその一環です。東京に行くと私は大きな墓がずらっと並んでいるような印象を受けます。東京駅の周辺など、超高層ビルがぎっしり詰まっています。ひとたび地震になればこの影響を深刻に受けるだろうと思います。今のまま計画を進めるのは非常に危険なのですが、超高層ビル信仰、つまり超高層ビルに入ることがエリートの資格のようになっています。

驚いたことに、京都市までも高さ制限を緩和すると言い出しました。京都市は東山・西山と山に囲まれています。この東山・西山が見えなくなるのは京都市民にとっては景観の最大の破壊ですので、高さ制限については非常に厳格です。これまでも市民は市や業者と何度も闘争し、制限をかけてきました。ところが突如、今年になって（2024年3月）、都市計画審議会に京都市の南部の人口対策として超高層ビルを許可するという制限緩和が出たのです。これには驚いて、全国の都市計画学者に頼んでかなり多くの反対署名を集め、京都市に申し入れたのですが、全然再考してくれません

でした。都市計画審議会のメンバーが何を考えているのかよくわからないのですが、都市計画の規則を変更しました。全体として大都市自身がおかしくなっているのですね。

　三大都市圏は30～40年以内に大地震が予測されています。今のまま東京中心に大都市開発が進むことは国土の危機なのです。この都市の危機が、さきほど申し上げた農村の危機と並んで存在していることを強調しておきたいのです。

■緑と農による大都市の成長抑制を

　地球環境の危機とコロナ・パンデミックは、大都市圏をこれ以上大きくしてはならず、成長を抑制しなければならないという教訓を残しました。温暖化防止をはじめ地球環境政策のために、ＥＵは2050年までに市街地開発をゼロに抑制する計画です。都市政策の模範とされているイタリアのボローニャ大都市憲章第13条３項は「2030年までに今後市街地開発ゼロ化を進める」としています。イタリアの大都市圏政策は「土地消費の抑制、自己資本としての土地を重視してこれ以上の市街地開発を行わない」としています。

　もうこれ以上、大都市の開発はしない。これは非常に重要なことです。一方で、農業を維持し、農業生産を維持しつつ自給率を高めていく。これらがセットにならないと、日本の地域政策は安全でないし、持続しないと思います。今日、都市の問題を述べているのは、都市の人たちが市街地をいつまでも開発し、超高層ビルを造っていくことに対する反省が不可欠であると思うからです。

　欧米の都市の公園は、ガーデンだけでなくパークが主体です。パークは庭園でなく壮大な農地、森林や湖や歴史的文化財を含んでいます。先に述べましたが、欧州では戦乱の教訓として、市民が食料を自給できる制度を持っています。都市に農地を残し、市民が農地を持たなければならないと

第１部　都市と農村の共存─内発的発展と自治─　33

いう考えがあり、都市の農地は非常に立派に確保されています。

　ドイツはクラインガルテン法によって市民が住居から10キロのところに240平方メートル内外の農地を借りて野菜・果樹・花卉などをつくっています。西ドイツ全体で50万区画ありますが、需要に追い付きません。ニュータウンは市民農園を具備することが制度化されています。イタリアは環境保全と農業との共存のための壮大な公園地域政策であるパルコ化（park/公園化）が都市政策の柱です。主な都市には巨大な緑農地が付属しています。フィレンツェの福祉を兼ねた都市農園が有名ですし、水の都ベニスでも都市農園が設置されています。

　日本では1985年の段階で、全国の市街化区域内の農地は19万ヘクタールを占めていました。全国農業協同組合中央会（ＪＡ全中）は、都市の緑化対策だけでなく、災害の避難地として存続させようと、農地の宅地並み課税の中止を要望しました。私は、かつて都市農地政策のために欧米都市の農園を調査した際に、欧米の都市が豊かな市民農園とパークを維持していることを確認し、都市緑・農地の存続強化を図ろうと提唱しました。カナダでは農地を持つ宅地のほうが宅地単独より地価が高いのです。

　ところが日本の場合は、都市づくりをするときに農地のことは十分に考えていませんでした。それがバブルとぶつかり、大都市農協は農地の保存・拡大に反対し、宅地化を急ぎ、都市農業は衰退しました。都市の緑農地は大きく減少しました。今後の地域政策は、ＥＵのように都市開発をやめ、公園・緑地・森林を残し、市民農園制度をつくり、食料危機に対応するものでなければならないでしょう。

　東京都や大阪市、名古屋市のような日本の大都市は、これを見習う必要があります。日本の大都市圏ではオフィスや住宅を造ることを中心にしますが、大都市圏にどうやって農業を維持するか、あるいは緑地を維持するかが、これからの都市政策です。都市の危機として、都市のほうから新しい内発的発展の道を示さなければいけないと思います。

　私はＪＡ全中の依頼を受けて、都市の農地をどうするかというテーマ

で、都市研究者を組織し国際調査をしました。その頃から日本では都市化が進み、農地が減り、宅地並み課税などが導入されるようになりましたが、これはまちがっていると考えました。政府に対してそのことをはっきりさせるために、1988年11月、少し皮肉なことなのですが、農業学者を入れず、石田頼房さん、利谷信義さん、進士五十八さんらメンバーを都市学研究者で固め、事務局長には農学博士のＪＡ職員・石原健二さん、そして私が委員長となって、世界の都市農園の状況を調べたのです。その結果、非常にはっきりしたことは、他の国の都市は市民が食料を自給する制度を持っていることでした。都市に農地を残さないならば、市民が農地を持たなきゃならないという考えがあるのですね。さらに、地域環境問題から緑農地・森林の保全が都市政策の柱となりました。ですから都市の緑農地が立派に確保されているわけです。

　繰り返しますが、クラインガルテンのドイツではニュータウンを新たに建設することになれば、市民農園をつくらないと許可しません。だから新しい町も必ず農園を持つというかたちで都市が形成されています。何回も戦争を経験し、戦時で食料がなくなったらおしまいだということが背景にあるのですね。都市に対する考え方が日本と違う。一方、日本では、都市づくりをする際にその点を十分考えていなかったと思います。地価をいかに抑えるかということぐらいで止まっていて、食料問題は全く考えられていなかったことはまちがいないですね。

　そのように世界の都市農地を調べた結果として、どうしても都市農地を残さなければならないと私たちの意見が一致しまして、国際シンポジウムを開くこと、都市緑地農地をいかに残すかという宣言文もつくりました。これがＪＡ全中の会議で一旦は承認されたのです。しかし、世界的に都市を維持するためには緑地・農地を維持しなければならないという私たちのこの提言は、最後に全中が反故にしてしまいました。都市農地を維持するという全中の世界調査報告に対して、当時のバブルに乗って農地を宅地化したい都市部の農協が反対したのです。こんな宣言を出してもらっては困

る、ということでした。当時は、都市農地派の全中の首脳部を入れ替えるという非常手段まで取られました。予定していた都市緑地・農地宣言は発表できず、国際シンポも開けませんでした。

　残存していた都市農地は宅地化されました。たいへん残念な結果です。ＪＡ自身が食料自給問題に対してきちっとした見解と政策を持たなければならないと、そのときつくづく感じましたね。

宮本背広ゼミとともに、沖縄・辺野古を調査＝2022年

3　内発的発展と都市・農村の共生

　それでは、今の地域経済の不均等発展、特に農村・地方都市の衰退を防止するにはどうしたらよいのでしょうか。ここからは地域政策の歴史について検討し、主要な問題について述べていきます。

■地域政策の変化と対立──政府の外来型開発失敗の現実

　戦後日本の経済成長政策は、いかにして欧米に追いつけ、追い越すかということでした。そのため、都市化・工業化、あるいはその近代的な施設を農村へ持ってきて近代化・都市化するというのが基本的な考え方でした。その地域にとってみれば、まったく関係のない施設が導入されて開発するというものでした。時代の先端を行くとされる産業を誘致して、その波及効果でその地域を開発するというのが、日本の地域政策の基本路線だったわけです。たしかに大工場を呼び込めば雇用が増えるし、所得も増えることはまちがいありません。しかし、果たしてその所得がすべてその地域で循環されるのか、果たしてその資源や雇用がその地域の発展につながるかどうかは、別の問題なのですね。

　最近の事例ですが、熊本の次世代半導体の大工場（ＴＳＭＣ）の建設も同じ開発政策です。熊本は水が豊富なので工場を二つも三つも持ってこようとしています。大学もあわてて半導体の学部をつくっています。そういうことが開発だと地元では評価されているようですが、しかし、半導体の需要がいつまで続くかは誰もわかりません。また、豊富な水資源が破壊されるかもしれないのです。

　そこで、歴史を振り返ってみましょう。

第1部　都市と農村の共存—内発的発展と自治—　37

急激な地域経済の変化と地域問題の激増に対して、政府は1962年に全国総合開発計画（全総）を制定し、以後5次にわたり地域開発を行ってきました。その内容は、時代とともに異なりますが国庫補助金による公共事業、減税などの財政政策や規制措置によって、住民の総意による計画ではなく、政府が国家目的で外から事業を誘致して、地域を改造するものでした。これを外来型開発（Exogenous Development）と規定しています。

　この原型は第1次全国総合開発計画にあります。その目的は、重化学工業コンビナートをつくり、その波及効果で地域の経済財政を発展させ、人口100万の新産業都市をつくり、住民の福祉を向上するというものでした。当時、激烈な競争の結果、15の新産業都市、6つの工業特別整備地区の21地域が指定されました。これは経済の現実に合わない政治的決定でした。現実は鹿島、播磨、水島、大分、東予など5つの先進地域にコンビナートはつくられたが、あとの16地域にコンビナートは建設されず、大規模な空き地と財政危機を残しました。それにも懲りずに、田中内閣の第2次計画では、むつ小川原、酒田、福井、周南、志布志などに一国の生産力に当たる巨大コンビナートを計画します。しかし、産業構造の変化と企業が過疎地域の立地を拒んだため、挫折しました。

　それまでの国民経済学では、地域経済学・地方財政学がありませんでした。しかし、経済政策は都市と農村、それぞれの地域の共同社会の構造によって、その効果や損失は異なります。日本の地域研究は遅れ、急激な地域の変貌を前にして、ようやく1968年に大阪市立大学に地域経済学の講座が私の申請で設置されました。いまでは日本地域経済学会、地方財政学会があり、各大学にこの講座があります。また私は、先述のように1980年に『都市経済論』（筑摩書房）を刊行しました。これが最初の経済学の都市論であるというほど、日本の研究は遅れていました。こうした学界の地域研究の遅れが、地域政策の失敗と深刻な都市・農村問題を生む一因です。環境経済学も同様で、日本で最初の著作が1989年の私の『環境経済学』（岩波書店）であったように、環境の科学は深刻な事態の発生に比べて遅れま

した。

　この環境経済学と地域経済学の分析を使って、政府の地域開発の決算書をつくりました。次の図は千葉県と並んで戦後最も巨大なコンビナートをつくり地域開発をおこなった大阪府堺・泉北工業地帯の決算書です（図表2）。

　これは大阪府内の経済社会に対して堺泉北地域の寄与度（開発効果）を示しています。

図表2　堺・泉北臨海工業地帯工場の大阪府下全工場に占める寄与度

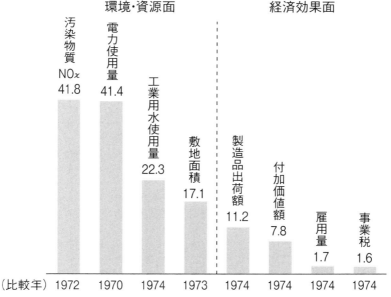

注）NOxはNOx総排出量800t/年以上の大阪府下工場に占める割合。堺市だけをとれば、じつに市内工場の94％の NOx 排出量が臨海の工場から出ている。電力は府下全工業使用量、その他は府下従事者30名以上の事業所との比較。事業税は全事業所。
資料）宮本憲一編『大都市とコンビナート・大阪』（筑摩書房、1977年）p.33より
グラフの数字は％

　この図で見ると、コンビナートの電力・資源などの消費は大きく、それ

に対して、地域への経済的効果は小さい。付加価値の利潤部分は東京の本社に吸収されるので、地元分配は少なく、雇用効果も乏しい。他方、公害患者は3,000人にのぼり、関西最大の海水浴場は埋め立てられ、良好な住居地帯は喪失しました。ここで生産される鉄鋼製品や化学製品の多くは地元で使われず、輸出されています。経済の地域循環、地元産業への波及効果が乏しいことが明白です。このため地元の堺商工会議所は公害反対運動に参加しました。これが革新自治体誕生につながります。

図表３　政府の地域開発の論理

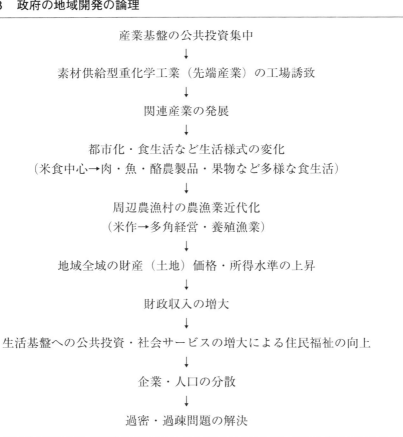

この分析を応用して、他の鹿島・大分などのコンビナート開発を調査したところ、同じ結果が出ました。1970年代後半、素材供給型重化学工業から機械産業へと構造転換が進んだのを機会に、政府はコンビナートではなく、テクノポリス構想に転換しましたが、足元の地域経済政策がないので結果は同じでありました。

　まことに皮肉なことですが、政府の地域開発が進むと、東京一極集中が進み、かえって地域の環境破壊と資源が枯渇し、公害・災害が広がり、地方の過疎化が進みます。この２つの図は、政府の地域開発の論理とその現実を示しています（図表３、図表４）。

図表４　地域開発の現実

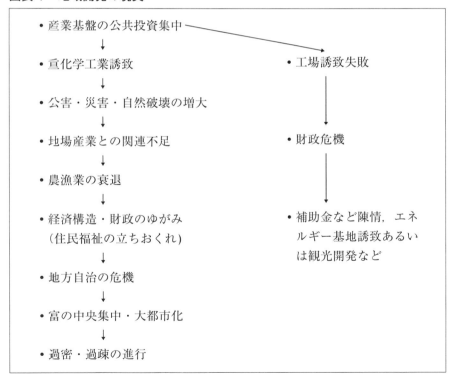

結局、これまでの開発では、東京一極集中が進み、地方都市・農村の衰退が進むため、政府は1987年の第4次計画で、これまでと異なる地方農村開発のためにリゾート法を制定し、40地域を指定しました。リゾート企業に財政投融資や税の減免措置、誘致自治体には道路などの社会資本を提供し、国立・国定公園などの開発規制を緩和しました。40の地域では、いずれも同じようにゴルフ場、ヨットハーバー、リゾートホテル、テーマパークなどが計画されました。2,000あるゴルフ場をさらに1,000も増やそうとしましたが、それは東京都の面積に匹敵します。幸いなことにバブルがはじけてこの計画は中途で終わりましたが、影響は深刻でした。度重なる外来型開発は、国土の均衡ある発展や格差是正に効果がないどころか、むしろ東京一極集中を進め、地方都市・農村の将来に不安が増大しました。

　これらの政府の地域開発に反対して独自の発展を進めた例を紹介しましょう。

■内発的発展への道

〈三島・沼津石油コンビナート反対運動〉

　政府の外来型開発の失敗と都市・農村問題の激増に対して、1963、1964年、市民の反対運動が起こりました。政府は静岡県東部に四日市の数倍の規模の大石油コンビナートを計画しました。地元では四日市の公害に学んで反対の運動をはじめ、地元の国立遺伝学研究所の松村清二博士を中心に県立沼津工業高等学校の教師等専門家が公害の事前調査をし、公害の恐れがあると発表しました。

　こうした運動に対抗して、政府は黒川真武・通商産業省工業技術院長を団長に、初めて公害の事前調査団を派遣します。自衛隊機を使い、風洞実験をするなどアセスメント調査をして、公害の恐れはないと発表します。両者は完全に対立しました。1964年、2つの調査団は通産省で科学的な討論を行い、政府調査団の大気汚染の実験に誤りがあり、三島の用水の調査

が不十分であることなどから、政府のアセスメントは信用ができないとの結論が出ました（このシンポの議事録は科学史学会年報にあります）。同年、2市1町の市民運動は大集会を開いて石油コンビナート誘致反対を決議します。ついに静岡県、三島市などの市町村は政府に反対しコンビナート誘致を中止しました。

　政府に最も有力な地域開発地域の反対にあい、あわてて1967年に公害対策基本法の制定など、初めて環境政策に取り組みました。三島沼津の勝利は「ノーモア四日市」のスローガンのように公害反対でありましたが、同時に工場誘致でなく地場産業の発展に未来を託したのです。市民は農漁民とともに毎日のようにデモを繰り返しましたが、岩波新書の『恐るべき公害』（庄司光・宮本憲一、1964年）をテキストに、四日市・鹿島などの主な開発地域の調査を踏まえて300回にわたる学習会も重ねました。公害の事前調査という科学に基づく理性的な反対と郷土の美しい環境を守るという郷土愛とが結合して成果を生みました。

　以後、これに学んで、全国に公害防止や福祉を求める市民運動が広がりました。社共両党や総評の労働運動と並び、市民運動が社会運動と認められる力となりました。この市民運動の力が、1967年東京美濃部都政、1971年大阪黒田府政など、大都市圏を中心に全国人口の40％以上を巻き込む革新自治体の誕生の原動力となりました。

〈大分にみる農村の自立的発展〉

　他方、1960年代の半ば頃から、農村の自立的な発展が始まりました。全国に有名になったのは、政府の新産業都市政策の優等生である大分県でした。県は大分・鶴崎石油コンビナート建設にあたり、「農工両全」を目標に掲げますが、現実は日本一の過疎県となりました。

　農村の湯治場であった湯布院町（現・由布市）で、旅館亀の井別荘を経営する中谷健太郎と旅館由布院玉の湯を経営する溝口薫平が中心となった観光組合は、ドイツを調査し自立の方針を決めました。料理は地場の農産

第1部　都市と農村の共存―内発的発展と自治―　43

物、土産物は地域のクラフト、水田・山並みの環境を生かした温泉街をつくりました。さらに、映画祭などの都市の文化を加える独自の内発的開発を進めたのです。当時は反対する暴力団に襲われるなど苦闘しましたが、いまでは日本有数の農村温泉です。

　一方、大分県大山町（現・日田市）は、画一的な農業政策に反対し、米作をやめ桃、栗、柿等の山村農業を展開し、農産物を加工し付加価値をつける1・5次産業を展開、青年を海外に派遣して、イスラエルのキブツのような集落を形成させました。ここの日曜市は全国に有名となりました。

　これらの町では県を頼むに足らずとしていましたが、当時の平松守彦知事はこれらの独創的な農村の動きを見て、「一村一品」を提唱し、これは一時期新しい農村政策として全国やフィリピンまで宣伝されました。しかし、湯布院の中谷健太郎はこれを事実とは違うと批判し、取り組むべきは「一村多品」だとしました。大切なことは補助金依存でなく独創性・内発性なのです。

〈沖縄・大宜味村の自主開発〉

　米軍占領下の沖縄は、基地経済に支えられ、補助金中心の経済でした。県北部の大宜味村の根路銘（ねろめ）安昌村長は、基地がないため補助金に頼れず、独自の経営を考えました（詳しくは第2部参照）。地場のシークァーサーを清涼飲料水として商品化し、豊かな水源を利用してウナギやスッポンを養殖し、台風に耐える背の低いみかんの栽培に取り組み、壺屋焼の登り窯を作り後継者に貸し、後に人間国宝になった平良敏子さんの芭蕉布（ばしょうふ）の伝承工場を作りました。

　私は1969年に大宜味村長の案内で日本の経済学の泰斗、都留重人教授とともに村を調査し、これが沖縄の開発の道であると思うと同時に、のちの内発的発展への開眼をしました。

〈若月俊一の農村医療——メディコポリスと望月町の内発的発展〉

　長野県佐久市で佐久総合病院を育て農村医療を確立した医師、若月俊一先生の『村で病気とたたかう』（岩波新書、2002年）は農村医療の教科書であり、人生の教訓であるとともに、内発的発展の教科書です。若月農村医学は狭い医療改革にとどまらず、農村の生活の貧困、重労働の改善、農地・用水・森林の安全な管理、農民の衛生・ケア・教育・文化の向上を目的としています。事業の主人公は患者・農民です。経営の主体は政府や自治体でなく、農民が平等に参加する協同組合です。私は、1970年にＮＨＫ教育の番組で若月先生と対談し、ここに内発的発展の極意があると思いました。この地域はメディコポリス・プラス・農村共同社会だと考えたのです。

　1990年、大阪で都市論を勉強していた「宮本塾」が、先に述べた長野県望月町（現・佐久市）の有志と懇談会を開きました。内発的発展論を聴講した大沢酒造の社長はこれを地元で実現したいとし、農業職人の伊藤盛久さんのコメを用いて「かたりべ」という酒を造りました。内発的発展の影響で「かたりべの会」という異業種の交流会ができ、地元の資源を循環させる食品が生まれ、北沢正和さんの職人館や吉川徹さんの多津衛民芸館などが発展しました。

　「はじめに」でも述べたように、1992年、望月宮本塾ができて、経験交流と学習会が毎月開かれました。佐久総合病院の若月塾との交流も行われました。その後、町村合併などで変化がありましたが、いまは信州宮本塾として継続し、地元の社会問題の解決や地域づくりにも助力しています。

　この経験から思うことは、困難があっても大切なのは志を継続することであり、学習の重要性です。これからは少数でも若い後継者を作ることが大切だと考えています。

■内発的発展論の原理

　1977年、ニューヨークで、内発的発展を提唱した社会学者・鶴見和子さ

んに頼まれて、当時国連が依頼した西欧近代化とは異なる開発の在り方として「内発的発展（Endogenous Development）」の研究会へ参加しました。鶴見理論とは少し異なり、私の内発的発展論は日本の地域政策から生まれた理論ですが、最終目的の人間の福祉・環境・地域資源の活用・循環に共通性があります。内発的発展は農村だけでなく、都市再生の理論ともなっています。多くの実例もあり、今では次のように要約した理論を経済学や社会学では内発的発展論としています。

　内発的発展の原理として、第1は目的の総合性……住民の福祉と人権の確立のために開発の目的は環境保全の枠の中で、ＧＤＰでなく福祉水準（well being）と教育と文化の向上です。つまり、環境保全の枠の中で経済開発を志向し自然と美しい景観を維持すること。第2は社会連関を作る方法……エネルギー・水・食料等の資源と人材を生かして地域内経済循環を土台に、特定業種に限定せず、付加価値があらゆる段階で、地元にできるだけ帰属するような産業構造をつくること。第3は開発の主体は住民参加による地元自治体と企業・協同組合などの社会連帯組織です。

■食と農を中心にした地域づくり

〈今治市―食と農のまちづくり条例〉

　繰り返しになりますが、農村の危機は都市の危機なのです。都市の市民がほんとうに地域の危機を打開するためにいちばん重要なのが食料の自給、その確立なのです。

　一例をあげます。愛媛県今治市は、市町村合併をしたときに「食と農のまちづくり条例」をつくっています。先見の明があると思いました。合併して農村部を都市で生かしていくためには食と農を中心にした街づくりをしなければなりません。市町村合併をしたら農村は切り捨て、町の中心部を発展させればよいという発想はまちがいです。

　その点で、今治市は2005年に12市町村を合併したときに、食料の安全性

と安定供給体制を確立する都市宣言を決議します。今治市はよくやったと思いますね。この条例は、地産地消の推進▽食育の推進▽有機農業の振興、が柱です。農林水産業を基軸とした街づくりについて基本理念を定め、市民が主体的に参画し共同して取り組む街づくりの推進、豊かで住みよい環境保全に配慮した持続可能な地域社会の実現に寄与することを目的に掲げています。

　私はもう体力がなくなったから調べに行けなかったので歴代のゼミ生でつくる宮本背広ゼミナールのメンバーで愛媛県伊予市在住の門田眞一くんに調べてもらいました。学校給食の食材に安全で良質な有機農産物の使用割合を高めることをあげていますが、まだ３校にとどまっているそうです。せっかくすごい目的の条例を持っているのですから、３校にとどまらず全校を有機農業で賄うところまでやれたらよいと願っています。

　残念に思うのは、ここ長野県佐久市でこれをやれなかったということです。こういう決議を市町村合併の際にやれなかったのか。非常に生産力があり、文化水準の高い農村を発展させる宣言が佐久でもできるはずなのですが……。

〈イタリア―都市の食と農の持続可能事業〉

　イタリアを調査したとき感心したことがあります。先述のようにイタリアでは都市に農業政策があるのですが、欧州最大の農業自治体はローマなのです。イタリアの首都で大都市であるローマ、その大都市圏の中にきちっとした農地を持っているわけです。コミュニティガーデンから食農システム、社会的農業を実践する協同農場が機能している。それが大都市圏のあり方なのですね。

　ミラノもそうです。私は３回調査に行きましたが、ミラノ大都市圏にも農業都市づくりが位置づけられています。スカラ座という有名な歌劇場がある大都市であり、同時に北パルコと南パルコという２つの大きな農業公園があります。森林をつくり、農場を維持しているミラノを、東京都や大

第１部　都市と農村の共存―内発的発展と自治―　47

阪市、名古屋市は見習わなければなりません。大都市圏は宅地利用ばかり考えず、どうやって農業を維持し、緑地を保全するか。パルコをつくることこそが都市政策の要です。今の日本の危機は都市の危機ととらえ、都市住民の側から新しい内発的発展の道を示さなければならないと思います。

■維持可能な内発的発展へ、その主体へ

最後になりますが、戦争や軍事ブロックの対立で、未来は不明の状況です。しかし、地域政策は休みなく動いていかねばなりません。内発的発展の原則は変わりませんが、時代の流れや地域の状況変化を見て、地域独自の方法も必要です。国際的には自由貿易から国家主義へ、特に安全保障による制限が大きくなりはじめました。国内的には地方分権一括法と市町村合併によって、多くの農村自治体が消滅し、補完性原理による府県の役割が増大しました。農村の内発的発展のために、国ではなく、都市との交流や広域行政の援助が重要になりました。

内発的発展は、地球を維持可能な未来を予測したものでなければなりません。最も重要な気候変動対策において、政府と市民の間には対立があります。政府のGX（グリーン・トランスフォーメーション）は9電力独占体制を維持し、原子力・石炭火力（水素・アンモニア混合）をベースロードにしています。これは外来型開発です。これに反対して環境研究者やNGOはグリーン・ニューディールで地方分散型の再生エネルギー100％を目指し、そのためにエネルギー、食料などの地域資源・水の地域循環型経済を目指しています。これは内発的発展です。GXは輸出企業の利益が強く、パリ協定（産業革命前からの気温上昇を1.5度に抑える国際枠組み）の達成は困難でしょう。他方、内発的発展を進めるにはドイツのように送電網の改革、自治体改革や協同組合による自然エネルギー経営が必要です。エネルギー問題をめぐるこの路線の対立がまず日本の地域の未来の出発点です。

市町村合併によって、多くの農村自治体が消失しました。ここ長野県で

も内発的発展を進めていた望月町は佐久市に合併させられました。全国には合併を拒否した農村もありますが、多くは都市に吸収されました。政府はコンパクト・シティでの農村の都市への吸収を計画していますが、これは食料の自給を不可能にするだけでなく、森林・用水などを荒廃させ、国土を自立不可能にします。政府の地方創生事業も、2024年7月18日付「朝日新聞」によれば1.3兆円も使いながら東京のコンサルタントの事業になってしまい、失敗しています。

　これまで述べたように、内発的発展には主体が必要です。他人任せでなく地域を愛し、その発展を望みうる人材が生まれてこなければなりません。そして、これを支える協同組合などの社会的連帯企業が生まれることが必要です。市町村合併によって自治体職員が減少し、農林業を支える専門職員が乏しくなっています。しかし、農村の再生のためには自治体の再生と行財政の確立が第1に必要です。農村が永続しなければ都市は滅ぶのです。これは社会科学の原則といってよい。今後は食料の自給だけでなく農村環境の維持が自治体政策の中心でなければなりません。都市は開発を抑制し、緑農地を増やして維持可能な発展を目指すべきなのです。

　農業の再生には農民の後継者が必要ですが、先述した「半農」から始めたい。今後、都市から地方への移住は少しずつ進むでしょう。この市民に地元の農業技術を持つ農民（高齢者）が農業教育をすすめることです。地域再生はこの農民と市民の技術と知識の交流から始まるのではないでしょうか。

　最後に私の座右の銘を紹介して講演を終わらせていただきます。

　「足もとを掘れ　そこに泉湧く」（ニーチェ）

【参考文献】

井上典子『イタリア現代都市政策論―都市-農村関係の再編』（2021年、ナカニシヤ出版）

井上典子編『イタリア都市再生の質的検証―新しい近接性の形成に向けて』（2023年、ナカニシヤ出版）

入谷貴夫『現代地域政策学―動態的で補完的な内発的発展の創造』（2018年、法律文化社）

大石尚子編『食と農のソーシャル・イノベーション―持続可能な地域社会構築をめざして』（2024年、藤原書店）

岡田知弘『地域づくりの経済学入門―地域内再投資力論』（2005年、自治体研究社）

小田切徳美『新しい地域をつくる―持続的農村発展論』（2022年、岩波書店）

中村剛治郎『地域政治経済学』（2004年、有斐閣）

宮本憲一『環境経済学』（1989年、岩波書店）

山田誠『現代西ドイツの地域政策研究―西ドイツ国民経済における地域政策と地方財政』（1989年、法律文化社）

マイケル・リンド、中野剛志解説、施光恒監訳、寺下滝郎訳『新しい階級闘争―大都市エリートから民主主義を守る』（2022年、東洋経済新報社）

ウィリアム・タブ、宮本憲一、横田茂、佐々木雅幸監訳『ニューヨーク市の危機と変貌―その政治経済学的考察』（1984年、法律文化社）

[第2部] 自分史の中から主体的に

東京電力福島第1原発事故の現場を調査する
（2018年6月）

はじめに

　今日は久しぶりに私のゼミナールの卒業生、これまで研究や社会活動でお世話になった方々にお目にかかることになり、ありがとうございます。特に、私の尊敬する先輩であり、生涯の友人であった都市論の大家・柴田徳衛さん（元東京都立大教授、元東京経済大教授；注1、人名注記は後掲）のご家族に来ていただき、たいへん感動しております。私のゼミと、おそらく20回以上の交換ゼミナールという形で討論した柴田ゼミの方々が来てくださったことは、私にとってはいくつもの大学と交流できたこと、そのなかで学生の間に友情が交わされた記憶がもどってくることで、ほんとうに嬉しく思っています。

　私の研究歴を紹介するとすれば、『社会資本論』（＊1）を原論として、都市・国家・環境という共同社会的条件の政治経済学の研究を紹介するのが適当でしょう。近年、公害研究委員会で一緒に活動した数理経済学者の宇沢弘文さん（注2）の唱えた「社会的共通資本」や名著『自動車の社会的費用』（＊2）の源流が、私の社会資本論や公害（社会的費用論）にあるということで、中部大学や宇沢国際学館、ジャーナリズム研究・関西の会、佐久総合病院などで講演してきました。

　最近の社会的関心から言えば、社会資本論から始めて公害史で終わるのが通例ですが、今回はゼミ生や関係者が主たる集まりなので、私の自分史

（＊1）宮本憲一『社会資本論』有斐閣、初版：1967年、改訂版：1976年。
（＊2）宇沢弘文『自動車の社会的費用』岩波新書、1974年。

52

を中心に、戦争、沖縄問題、環境権、大学・学術会議法人化などをテーマに話したいと思います。

今回出た新しい本、『われら自身の希望の未来　戦争・公害・自治を語る』（＊3）にありますように、いま戦後最大の転換期に来ております。高度成長期、新自由主義の時代が終わり、第3の段階に入ったわけです。気候変動、コロナ・パンデミック（世界的大流行）、ロシア・ウクライナ戦争、中近東紛争が起きた、この第3の時代の姿がまだ見えてこないのです。

ほんとうはこれをきちっと話さないといけないのですが、どうなるか見当がつかない状況に入っているのでやめましょう。今日は、私が経験した話、自分も主体の一員として動きながら、決して成功しなかった話、なんとかしようと思いながらうまくいかなかった話をしようと思います。だいたい、人が成功した話は面白くなくて、失敗した話のほうが面白いのです。そこで、うまくいかなかった、しかし、どうしてそういうことをしようとしたか、という話をしたいと思います。

■絶対平和主義を貫けるか

2022年12月に、いわゆる安全保障関連3文書が改定され、絶対平和主義の憲法は崩れ、まさに戦争への道が開けた。最初は戦争の話から入りたいと思います。

かつてロンドン大学・大阪大学名誉教授の森嶋通夫さん（注3）が、雑誌『文藝春秋』で、もしソ連が上陸したときに戦うかどうか問われたときに、自分はあくまでも戦争を防止するが、非常のときは白旗をあげて戦争はしないと答えました（＊4）。これは大変な反響を呼んだわけです。東大の

（＊3）宮本憲一『われら自身の希望の未来　戦争・公害・自治を語る』かもがわ出版、2024年。以下では『希望の未来』と略。
（＊4）森嶋通夫「新「新軍備計画論」　大論争—戦争と平和」『文藝春秋』57巻7号、1979年7月。

第2部　自分史の中から主体的に　53

憲法の教授であった小林直樹さん（注4）は、これが正しい、これが日本国憲法の絶対平和主義だと支持をしました。長野県の民芸研究家、平和運動家の小林多津衛先生（注5）も同じ意見でした。

　これをある研究会で説明したところ、不評なのです。やっぱり自衛が必要だと、自由のために戦うと言うのです。日本に自由があるかと言いたいところなのですが、そういう勇ましい意見が出てくるのです。しかも、2年前の安保3文書以来、敵基地攻撃能力や大軍拡、武器輸出を認めていきましたので、私は明らかに戦争体制に入ってしまったと思っています。さらにこの間、グローバル・パートナーシップだと岸田文雄首相（当時）がアメリカの大統領に言ってきているわけですから、戦争は避けられない状態に入る場合もあると思うのです。

　なぜ森嶋さんが自分は絶対に自衛もしないと言われたかというと、これは先生の第2次大戦の実体験だと思うのです。森嶋さんは、長い自叙伝（＊5）を書いています。それはとても面白いものですが、その自叙伝を読みますと、戦争中に学徒動員で海軍予備学生となり、長崎県の大村海軍航空隊の通信隊の士官をしていたとあります。私は、大村湾の海軍航空隊のすぐ目の前にある針生島というところにあった海軍兵学校針生分校の将校生徒として訓練と学業とに明け暮れていましたので、彼とはすれ違っていたかもしれないのです。

　森嶋さんは戦争の経験から、自衛の名の戦争も亡国になる、絶対平和主義でなければならないと考えたのだと思います。実際、第2次大戦は広島と長崎の原爆の投下で幕が下りたわけですが、これは人間にとって最終戦争でありました。そういう体験を日本人はしたのだから、絶対平和主義というのは第2次大戦の最も大きな教訓ではないかと考えて、森嶋さんは先ほどのような発言をしたと思うのです。

　当時この発言は大きな反響を呼びました。第2次大戦の経験と原爆戦争

（＊5）森嶋通夫『血にコクリコの花咲けば―ある人生の記録』朝日新聞社、1997年。

による人類の終末までを考えた上で賛成すべきだが、同調する人は少数派でした。日本人がなかなか森嶋さんの意見についていけないのは、憲法の平和主義の上に日米安保条約があるからなのです。そして、自衛隊というのは、国民が自らつくったものではなくて、朝鮮戦争のときにアメリカ軍が自分の部隊が足りなくなり、いわば「アメリカ支隊」としてつくったものであって、はじめから自衛隊は国民の軍隊ではなく、傭兵のような宙ぶらりんなかたちの軍隊として出発したのです。これは、憲法で自衛権は認められていても、その絶対平和主義の基本理念から、自衛隊は戦争をしないと信じ、さらに冷戦下の現実が自衛隊の存在に理性的判断を阻んだのでしょう。

いま改めて日本国の基本的立場であった絶対平和主義が完全に破棄され、軍拡、先制攻撃、武器輸出、アメリカとのグローバル軍事パートナーとしての共同作戦司令部が決まり、世論も日米安保体制支持が7割を占める状況で、絶対平和主義を公然と主張するのには勇気のいる時代になりはじめました。この状況の下、沖縄県民が辺野古基地建設阻止、うるま自衛隊演習場拒否の必死の運動をしている状況を本土の国民の多くがまったく無視するという異常な事態となっています。

私は、原爆・戦争を体験した者が絶対平和主義を唱えることは、正当なことではないかと思うのです。

■少年「志願兵」の悲惨

私の経験を述べます。いまこの会の出席者のなかで、軍人だったのは94歳の私だけだと思います。私は、1945年3月15日の非常に朝早く、海軍兵学校に入学するため、台北の松山飛行場から15人が零戦に守られた海軍の輸送機で内地に来ました。

その3月15日、私たちが発った後しばらくして、突然私たちの中学校（台北一中）に配属されていた将校が、同級生200人を集めて、「君たちのなか

で兵役に従事したくない者は手を挙げろ」と、突然命令したのです。兵隊に行きたくないという友人は相当たくさんいたのですが、手を挙げられないのですね。そのとき手を挙げようものなら、それこそ非国民だとさんざんな目に遭う。そうする勇気がない。みんな黙って下を向いていたら、その場で赤紙が200人に配られたのです。

　1週間後、体格検査もしないで、全員二等兵になりました。いちばん危ないと言われていた最前線の基地に送り込まれ、新兵訓練を受け、たいへんひどい目に遭いました。いちばんの親友で後に東大の数学の助教授になった長野正くんは、数学の本を広げていたところを見つかって上等兵に殴られ、耳が聞こえなくなりました。そういう目にも遭っているのです。学生は、学業を完全に放棄させられ、兵力として招集されたわけです。

　その頃、大本営はたいへんな戦術ミスをしました。米軍は台湾に上陸すると考えていて、沖縄防衛の中心で日本最強と言われていた第9師団を突如沖縄から台湾に移駐させ、それにより沖縄の防衛は非常に手薄になってしまうのです。台湾軍と第9師団だけでは足りないので、学生を動員したわけですね。15、16歳以上の学生は全員新兵になり、兵力として使われました。幸い同級生は（戦争をしなかったので）全員生き残ったのですが、その時期の話を聞くと、聞くに堪えないことがたくさん出てきます。私たちのように海軍兵学校で毎日のように英語と物理と化学を学んでいたという話は、とても同級生にはできないですね。中学の同窓会では一度も海軍兵学校の話をしたことがありません。沖縄の場合はもっと悲惨なことになりました。15歳以上の学生が軍隊に入って、大きな悲劇を受けたわけです。私は、このような経験をした世代として、青少年の青春を奪う戦争は、二度としてはいけないと思うのです。

■近代の戦争の本質と世論形成

　私たちが海軍兵学校にいた頃、軍人としての錯覚があったと思います。

戦争は軍隊間の戦争と思っていたのですが、いまの戦争は、実は国民戦争なのです。国力が戦争の決め手となる、国民そのものが戦争に入ってしまうのが近代の戦争なのです。

　敗戦後、1945年8月24日のことです。復員列車で広島の駅に停まったとき、その惨憺たる広島の光景をみて、また、広島の人たちがこの復員列車に乗りたいと言ってくる状態をみて、戦争というのはこういうものであると、自分たちは軍人として戦えばよいと思っていたが、そんなことではないと、あらためて自覚をした気がするのです（＊6）。

　実際にこの戦争で、民間人が約70万人、軍人・軍属が約240万人という犠牲者を出しているわけです。住宅は約236万戸の被害、特に七大都市は全滅に近い被害を受けました。さらに戦後も塗炭の苦しみを味わうなかから憲法の絶対平和主義は出発したのです。このおかげで、約80年の間、一人の戦死者も出さなかったということは、ノンフィクション作家の澤地久枝さん（注6）が『希望の未来』で述べているように、日本人が世界に誇る奇跡だと言ってよいと思います。

　いま危険なのは、国民戦争がそういうものであるという危機感をもっていないことです。2015年に安保法制に反対する動きに匹敵するような行動が、いま起こっていないことです。当時の安保法制に反対した研究者6人が、いまだに学術会議の会員に任命されていないわけです。どうして戦争への危機感が失われたかというのは非常に大きな問題です。

　いまほんとうに戦争への危機感をもっているのは沖縄の県民です。沖縄戦の再来に必死の反対運動をしています。辺野古の巨大基地の建設や自衛隊の増強に反対しているわけです。ところが、本土の多くの市民は日本全体の問題としてとらえていない。アメリカの中国敵視論に同調し、台湾有事には参戦するという世論がつくられつつあるわけですね。そうすると、

──────────────────────────────

（＊6）復員時のことについては、宮本憲一「復員列車　すがる被爆者　（聞き手）青山彰久」『戦後70年　にっぽんの記憶』読売新聞取材班、中央公論新社、2015年を参照。

自由な反戦運動が非国民とされてしまう。そういう未来は迎えたくないと思います。

■軍拡の動きの中で考えなければならないこと

　私が懸念するのは、軍拡が経済の問題だけではなく、教育や自衛隊の雇用の増大問題に波及することです。私たちの世代は、中学の３年になるとみんな小銃の射撃訓練をさせられ、歩兵の戦闘訓練もさせられました。いわば中学が予備隊みたいなものでした。私が中学の校長の訓示のなかで最も嫌いだったことばは、「校門は営門に通じている」という訓示でした。まったく人権を無視しているわけです。

　これは日本だけの問題ではありません。米韓日同盟に入った今日の状況を考えれば、韓国は軍事教育をしており、兵役の義務があります。こういう事態になったらどうすればよいだろうか、いずれ本気で戦争をするつもりであれば自衛隊は足りないわけです。軍事教育を受けていない学生では役にたちませんから、韓国のように軍事教育をしたり、あるいは兵役の義務を課したりするということが起らないとも限らないと思います。

　1990年頃にイタリアに行ったとき、ミラノの市民農園で青年が働いていました。ここの従業員かと聞くとそうではないと言う。その青年は、兵隊に行くのが嫌なので、兵役の義務を拒否したのだそうです。そして、農業のような社会活動をすれば、兵役を免れられると言うのです。憲法が生きている限り、憲法に自衛隊が軍隊として規定されない限り、当時のイタリアのように兵役を拒否する人権を確立することも、次の課題であると思います。

　いまの学生に、かつての日中戦争でどちらが勝ったかと尋ねたら、おそらく日本が勝ったとか、わからないと答えるのではないでしょうか。しかし、中国が日本に勝ったのです。その頃の日本は中国とは比べものにならない軍事力を持っていましたが、勝てなかったのです。

しかも、この戦争で日本は中国の約400万人の軍人と約2千万人の民間人を殺害し、多くの資源を奪いました。にもかかわらず、戦後、中国が賠償を要求しなかったことには、経済学者として非常に大きな衝撃を受け、そして、感謝をいたしました。国民党も共産党も賠償を要求しなかった。もし中国が賠償要求をしていたら、日本は第1次大戦後のドイツどころではない苦闘をしたに違いないと思います。

　そのこともあって、戦後日本は、いろいろな形で中国を援助しようという機運になったと思います。今日、関係は悪くなってはいますが、経済的にみれば最も大きな交流先であり、中国敵視は簡単にしてはいけないのです。中国と正常に交流していくことが、世界全体にとって、もちろん日本にとっても、最も必要なことではないかと思っています。最近では、学術や文化の交流にいろいろな支障が入るようになってきましたが、交流を深めていかなければなりません。

■沖縄に学ぶ──内発的発展と分権自治

　次に、私が沖縄で学んだことを話したいと思います。大きく言えば、「内発的発展」と「分権自治」です。いまからは想像がつきませんが、1972年まで沖縄は米国の占領下にありましたから、沖縄に入るのにはビザが必要でした。私たちのような地方自治を研究・主張している者には、なかなかビザが下りませんでした。1969年に初めて柴田徳衛さんと私にビザが下りました。一緒に行く予定だった中西啓之・自治体問題研究所事務局長（当時）にはビザが下りなかったのですが、私たちはそれで初めて沖縄に調査に行くことができました。

　現地をみて、私たちはまったく驚きました。「基地の中に沖縄があるんじゃないか」というほどの衝撃でした。土地だけではなく、資源についても、水にしてもエネルギーにしても、すべてアメリカ軍が管理をしているわけです。

第2部　自分史の中から主体的に　59

親交のある大田昌秀沖縄県知事（当時）と会談する。反戦平和、基本的人権、自治を基本にした「沖縄のこころ」の実現に向けて行動してきた＝沖縄県庁

　調査をするにあたって、琉球大学の久場政彦教授（注7）と大田昌秀教授（注8）のお世話になりました。2人が何度も言ってくれたのは、「私たちは日本国憲法の下に帰りたいんだ」ということでした。「日本政府の下に帰るというのではない、日本国憲法の下に帰りたい」、つまり、恒久平和、絶対平和主義ですね。基地の撤去、人権・自治、これが「沖縄のこころ」である。だから、沖縄が復帰するというのは、その「沖縄のこころ」を実現したいと思っているんだ、ということでした。その通りだと思いました。私も占領下の沖縄をみて、この「沖縄のこころ」が実現できるような仕事を生涯しなければならないと、その時思ったのです。

　その頃、復帰後の沖縄の将来経済について2つの流れがありました。ひとつは、アメリカ派といってよいのですが、基地がなくなったら沖縄は「イモと裸足」に変わってしまう。戦前の日本は沖縄を差別していたので、復帰すればまた貧困になるという、そういう考え方です。もうひとつは、日本の高度成長についていったら沖縄はよくなるという、つまり高度成長に従えという、日本政府依存派といってもよいのですが、その2つの予測が

強くありました。

すでに国土庁の下河辺淳さん（注9）が沖縄振興計画をつくっていました。下河辺淳さんは全国総合開発計画を指揮した都市計画家ですね。私の旧制四高時代の同窓生で、その後、建設省（現国土交通省）で道路局長や建設技監になった沓掛哲男君（元参院議員、元国家公安委員長）が高速道路の計画で沖縄に滞在して、私の鉄道再建説（後に述べます）を批判していました。

政府の振興計画を見ますと、日本の高度成長政策をそのまま沖縄へ持ってくる感じでありまして、石油コンビナート・アルミの重化学工業化、大都市化、自動車交通体系という3つの基本線からなっているのです。これは大変なことになると思いました。沖縄の美しい環境、珊瑚礁の海に石油化学のコンビナートの基地ができればいっぺんで環境が破壊されるわけですし、自動車交通を中心にすると、当然のこと交通混雑と大気汚染が起こります。当時の沖縄の屋良朝苗（注10）政権は、下河辺さんを信用して、基地解放後はこの振興計画を採用したいと考えていました。私は、基地派も下河辺案も、双方ともにまちがっていると考え、特に下河辺案はすでに本土で公害など環境破壊と地域格差を進め失敗していましたから、沖縄でその二の舞いをしてはならぬと考えていました。

■大宜味村の内発的発展

下河辺案ではない、何かいい案はないかなと思っていたときに、たまたま「琉球新報」から、市町村長を集めた座談会にオブザーバーで出てくれという要請を受けました。そこで北部の基地のない大宜味村の根路銘安昌村長の講演を聞いたのです。

大宜味村は基地がないので、補助金に頼らず、地元のシークワーサーの商品化、台風被害防止の丈の低い柑橘類の植樹の研究に九大へ青年派遣、ウナギの養殖、伝統の壺屋で陶芸師を希望する琉大生のための登り窯の建

芭蕉布の復興と伝承者育成に尽力した人間国宝の平良敏子さんに話を聞く。途絶えていた技法の復興に取り組み、地域の内発的発展の道を開いた＝1996年、沖縄県大宜味村

設、後に人間国宝になった平良敏子さん（注11）の芭蕉布の伝承・育成の工場などによって自立経済を進めているというお話でした。その講演を聞いて私は感動しました。基地のない北部の村で、自分の村の資源を利用して、その資源の循環でもって発展をしようというのです。これが本当の沖縄の道だと考えました。

　1971年、「沖縄をどうするか」ということで、内外の研究者を集めた大きなシンポジウムがありました。私も、都留重人さん（理論経済学者、元一橋大学学長（注12））と華山謙くん（元東京工業大学教授（注13））と出席したのですけれども、都留さんがアメリカ政府ににらまれていて、なかなかビザが下りなかったのです。やっとビザが下りて、都留さんが沖縄の現状をみて、「宮本くん、どうしたらいいだろう」と言うので、「じゃあ、先生、ちょっと大宜味村まで行きませんか」と言って、大宜味村まで都留さんを連れて行き、根路銘さんに会わせて、大宜味村の開発のあり方を実際に見ることになりました。そこで都留さんは、「これだ！　宮本くん、これで行こう」ということになったのです。

今は、那覇から名護までの高速道路があるから簡単に行けますけれども、その頃はひどい道路でした。七折れ八折れのすごい道路で、大宜味村に行って帰ってくるだけでへとへとになりました。そんな経験をした都留さんは、「宮本くん、僕はこれに鉄道を敷く案をプラスするぞ」と言って、「鉄道プラス大宜味方式」だという話になりました。

　沖縄には昔、軽便鉄道が走っていたのだから、もう一度軌道を復活することはできるいうことで、帰りにレコード店で「軽便鉄道の歌」を買いまして、これを応援歌にしようじゃないかと２人で話しました。日本の政府がケチるのであれば、われわれで国民運動をして沖縄に鉄道を造る募金をやろうと、意気揚々と帰ったわけです。

　その頃、雑誌『世界』（＊7）や、岩波新書『地域開発はこれでよいか』（＊8）に沖縄の状況と都留・宮本案を書きました。また、久場政彦さんとともに、特別都道府県制という沖縄にカナダのケベック州政府のような自治権を与える、完全な自治権を与えるという憲法を改正しないでもできる改革案を付けて、提案をしたのです。ずいぶん一生懸命にやったのですが、大宜味方式も鉄道も、いずれも失敗に終わりました。

■第三の琉球処分

　ちょうどその頃、基地反対運動をやっていた屋良朝苗さんが、琉球政府の公選行政主席になっていました（その後、初代沖縄県知事に）。公害反対運動も起こり始め、屋良さんは私たちの「沖縄のこころ」を基本にする提案を認めて、1971年11月に建議書、つまり沖縄が復帰するにあたってど

（＊7）宮本憲一「沖縄の経済開発に提言する」（『世界』1970年10月）、「沖縄の戦後ははじまる　―沖縄開発の主体と財政―」（『世界』1971年９月）など。また、この時期、久場政彦教授と３度にわたり『世界』誌で対談を行っている：「沖縄経済開発の原則」（1970年７月）、「沖縄経済開発へ提言する」（1972年７月）、「沖縄経済開発－いま何をなしうるか」（1973年６月）。
（＊8）宮本憲一『地域開発はこれでよいか』岩波新書、1973年。

第２部　自分史の中から主体的に　　63

ういう政策をとればよいかという、大変立派な建議書を出されたのです。基地を撤去するということ、それから下河辺案を否定し、沖縄の歴史・風土に合った開発をするという建議書をつくったのです。

　その建議書が出た1か月前に、衆議院は沖縄関連法案の審議に入っていましたが、これは酷いものでした。自民党はどうしても通したいと、基地はそのままで、米軍は本土の海兵隊を沖縄に集結させる、そして、下河辺案で重化学工業化を進めるという酷い復帰関連法案の審議に入っていました。そして、これを強引に通してしまったのです。

　さらに酷いことには、沖縄から瀬長亀次郎さん（注14）をはじめ何人かの参考人を呼んでいて、その人たちの意見を聞いた上で、それから討議に入るはずなのですけれど、それも省略し、瀬長さんにしゃべらせませんでした。完全な強行採決をやってのけたのです。

　実はそのとき私はNHKに頼まれて見ていたのです。ラジオ放送（実況中継）をするので、朝日新聞の荒垣秀雄さん（元論説委員）と2人で強行採決の状態を見て、これは沖縄を無視してよくもやるものだ、というコメントをしていました。せっかく屋良さんが建議書を作ったのだから、それを渡して議論してほしいという希望を持っていましたが、屋良建議書はまったく議論のないまま葬られてしまいました。

　最近、玉城デニー知事の新しい建議書が出ていますが、50年という長い時間を経ても、「沖縄のこころ」でつくられた建議書は実現できなかったのです。都留さんと私が、相当がんばって主張した沖縄の内発的発展と鉄道案というのは実行されなかった。慚愧の極みであります。

　日本政府は、補助率100％の大規模な公共事業をやりました。それ自体は、まずいというわけではありませんけれども、沖縄の風土を無視してやりましたから、ずいぶんいろいろな環境破壊が生じました。下河辺さんは大失敗をしたと思います。下河辺さんは、あちこちで大変いいことを言っていますが、うまくいかないのです。このときも、彼は完全に日本経済の先を見誤っていたわけです。もう資源供給型重化学工業化の時代は終わっ

64

ていました。沖縄で石油化学とアルミの生産拠点を誘致する重化学工業は失敗に終わりました。また、すでに本土の地方には自動車と電機の工場ができていて、それが新しい地方の開発になっていたのに、沖縄には1社も進出しませんでした。その理由として、水がない、あるいは、運送に不便だという表向きの意見が出ていますが、いちばんの理由は、開発しやすい水があり、土地があり、港もあるという地域は、米軍基地だったからです。自動車や電機の工場が沖縄に進出しなかったのはあたりまえのことだったと思います。

　沖縄のことで最後に言っておきたいことがあります。いま、沖縄県民は台湾有事による沖縄戦の再来を許さず、辺野古米軍基地建設、自衛隊の増強に反対している。沖縄がいま取り組んでいることで非常に重要なことは、イデオロギーよりもアイデンティティというように、「沖縄のこころ」で全体を統一して政府に反対しているということだと思います。

　これは日本にとっても非常に重要なことですね。いまはイデオロギーだけで反対運動を進めるのはなかなか難しい。反戦、安保反対、人権を守る、といったアイデンティティで運動が行われるということは、沖縄に学ばなければならないことではないかと思います。

■維持可能な発展と環境権

　2022年7月、国連総会で環境権確立の決議をしました。これはもうほとんど全会一致に近いかたちでした。温暖化対策を実現するためにも、環境権の確立がどうしても必要だと思います。そういう意味では、国連が積極的に環境権の決議をしたわけですけれども、日本ではまだ認められていません。法理上、裁判でも認められていない。ところが、これもまた残念なことですけれども、環境権を提唱したのは日本なのです。

　1970年に国際社会科学評議会環境破壊部会が、東京シンポジウムという国際会議を開きました。この部会長が都留重人さんで、私どもの公害研究

第2部　自分史の中から主体的に　65

委員会が事務局になりました。これは当時としてはかなり豪華な、国内外の環境や人権の問題を考えている最高レベルの社会科学者を集めた会議でありまして、そこで次のように決議をしました。

「人たるもの誰もが、健康や福祉を犯す要因に災いされない環境を享受する権利と、将来世代へ現代が残すべき遺産であるところの自然美を含めた自然資源にあずかる権利とを基本的人権の一種として持つという原則を、法体系の中に確立するよう、我々が要請する」

これは日本から提案して、1972年のストックホルム会議で決議する予定だったのです。ストックホルム会議では、従来の欧米中心で進められた近代化とは違う、新しい人類の発展の法則が出るのではないかと期待をかけていたのですけれども、うまくいきませんでした。ブラジルとインドは貧困こそ環境問題だと言う。これは否定はできませんが、インドはガンジーが新しい原理を唱えていたわけですから、この会議で西欧とは違う提案をしてもよかったのです。しかし、相変わらず成長を望むようなことを言ったものですから、この会議では環境権の決議どころか、うまくいきませんでした。それで、次の年に東京で主催するはずだった第2回の国連環境会議が休止になった。それから長く休止になるのです。

その間に、酸性雨、チェルノブイリ原発事故と、いろいろな国際的に困った環境問題が起こってくるので、そこで「持続する発展」という新しい理念を出そうということになる。つまり、環境だけではなくて、経済と社会と環境が調和できるような開発というのがありうるはずだということですね。現に途上国では、環境を破壊しても成長しないわけですから、もっと環境と調和を目指した新しい道があるはずだと。1980年代の終わり頃からそういう問題が出てまいりました。それが次第に国際的世論になり、1989年のグリーンサミットにおいて、1992年にリオデジャネイロで国連環境開発会議を開こうという決議がされました。

この国連環境開発会議に、私は日本のNGO代表で参加しました。この会議では初めて国際NGOが参加し、国際NGOというものが環境政策では

非常に大きな力を持つということを示したのです。けれども「維持可能な発展」という動きに対してアメリカがなかなか賛成しないのです。しかし、この会議のおかげで、気候変動枠組条約と生物多様性条約が決められました。そして、リオ宣言が出されます。リオ宣言では、国際的環境政策の原則を決めました。これはいまも生きており、環境権、予防原則、環境政策への住民参加が明らかにされたわけです。

■環境権の法制化と司法へのアクセス

　これを受けて、日本は1993年に環境基本法を決めるのですが、環境権を採用しないのです。日本環境会議や日弁連、その他環境NGOは、環境基本法で環境権を確立すべきだと、非常に激しい運動をしました。日本政府はめずらしくパブリックコメントを求めたり、あるいはNGOの会議に担当官を派遣したりしたのですけれど、結局採用しませんでした。

　環境基本法ができてから30年がたっています。国連に加盟する大部分の国は環境権を認めており、現実に動いているところもあるわけですから、私はこの機会に、環境権を採用してほしいと思っています。私どもが1970年以来、主張しながら失敗しているこの事態を、なんとかしたいと思っているのです。

　実は、環境権を具体化したのは大阪弁護士会なのです（＊9）。これには感心するのですが、われわれが1970年に環境権の決議をしたその年の秋に、大阪弁護士会がこれは環境裁判の法理になるということで具体的に動き出したのです。

　実務家が先に動き出したのは、ちょうど公共事業の裁判、大阪空港裁判、

（＊9）1970年9月に開催された日本弁護士連合会第13回人権擁護大会公害シンポジウムにおいて環境権の確立を最初に提唱した。その経緯を含めて、当時提唱された環境権の法理等は、大阪弁護士会環境権研究会『環境権』（日本評論社、1973年）に収録されている。

新幹線、国道43号線の裁判が起こっていて、これが実際は環境権裁判でありました。というのは、公共事業で環境アセスメントをしないで公共施設をつくると、病気にはならないけれども、生きていくのに耐えられないような騒音、振動、悪臭といった環境におかれてしまっている。それをなんとか差止めたいというのが、公共事業公害裁判のねらいだったわけです。

　実際、大阪空港公害裁判は大阪高裁では勝訴したのです。これは画期的なことでした。公害によって、病気ではないけれども、大阪空港の周辺では生きていくのは困難なほど環境が悪い。だから、生活に必要な環境を保全するためには大阪空港の運航を制限しなければならないという公共事業差し止めの最初の画期的判決が出たのです。これで勝ったと思いましたね。私も裁判に出廷して証言しました。大阪高裁判決が最高裁の小法廷にかかったので、実際にはそれは通るはずだったのです。

　團藤重光さん（注15）という最高裁の判事がいました。刑法の大先生ですが、その團藤さんがそのときのメモを龍谷大学に残しています。最高裁の小法廷で通るはずだったのですが、政府がそれで慌てたわけですね。もし、最高裁が環境権を認めたら、日本の公共事業は全面的に再改革をしなければならない。それは困るというので、元の最高裁の長官に圧力をかけて、最高裁の長官の指示によって小法廷での判決は中止になる。それで大法廷に移されて、結局9対4で負けてしまったのです。この不当な政府の司法侵害ははっきりと團藤さんのメモに残っています。それが先日、NHKの番組で放送になりました（＊10）。いかに当時の政府が環境権を嫌い、そして、日本の最高裁で決議されるはずだった環境権を阻んだということを明らかにしたわけです。

　画期的な勝利をおさめるはずのものがうまくいかなかった。世界中が環境権を決めたのに、いまだに日本では決められないという情けない状態にあるわけです。

（＊10）ETV特集「誰のための司法か〜團藤重光　最高裁・事件ノート」（初回放送日、2023年4月15日）

■SDGsは全面改定を

　いま日本ではSDGs（持続可能な開発目標）が非常にはやっていますね。これは企業だけでなく、学校でもですね。大学も国立大学も入れて、SDGsをいかにその教育の中に生かすかということが行われています。それ自体は悪いとは言えないのですけれど、実はこのSDGsというのは非常に大きな欠陥があるのです。SDGsができたときから、環境学をやっている者から反対がありました。環境が危機に陥っているのであって、まず環境を優先するということを明確にしないで、いま地球が置かれているいろいろな問題、貧困や感染症などいろいろな問題をずらずらっと並べてしまって、それを全体として解決しようということでは、結局は直接に関係のない温暖化の問題や環境の問題が遅れてしまうのではないかと。だから、SDGsっていうのは倫理的綱領としてはいいかもしれないけれど、まかりまちがうと地球を破滅するまで放っておくことになるのではないか。そういう批判は最初からありました。

　岩波新書で出た『SDGs』の解説書（＊11）。これはSDGsを実際に作った人たちが書いたものだからよくわかるのですが、SDGsを作るときに一番もめたのは核戦争の問題なのです。核戦争どう書くか。それからもうひとつは、温暖化問題なのです。ですから、実際は最も必要な2つの項目がもめていてうまく書けていないのです。ですから、SDGsの中には、戦争反対、核戦争の禁止っていうのはないのです。それから温暖化の問題についても明確なものがありません。しかも、ほんとうは公的な資金が中心にならなければいけないのに、民間企業に頼るものですから、どうしても利益の上がるものから手がつけられていくので、なかなかSDGsが進んでいきません。

（＊11）南博、稲場雅紀『SDGs─危機の時代の羅針盤』岩波新書、2020年。

2023年のSDGsがどうなったかという国連の報告書（＊12）が出ていますが、それを見るとわかるように、ウクライナ戦争やパンデミックのおかげで大幅にSDGsは遅れてしまったと。2030年の達成というのは難しいということがはっきり書いてありました。

　その点では、斎藤幸平さん（経済思想家、東京大学准教授（注16））が言うように、SDGsはアヘンとまでは言いませんけれども、しかし、かなり問題があって、おそらく2030年には大改定をしなきゃならないと思います。そのときには、核戦争の問題、それから温暖化の問題という最も必要な問題を解決することを軸に変えてほしいと思います。経済も環境も社会も調和するものでなければならないという調和論では問題が解決しないと思います。

■研究・教育の自由と国立大学法人化

　さいごに、私自身がいまだに悔やんでいる話をしたいと思います。

　2001年7月に、学内の推薦・選挙を経まして、滋賀大学の学長に就任しました。滋賀大学は2学部の小さな大学ですが、経済学部は全国でいちばん大きい学部ですので、経済学者としてたいへん期待をもって就任しました。就任にあたり、経済学博士課程の大学院をつくるということ、地球環境研究所をつくりたいということ、それから、ちょうど『戦後日本公害史論』（＊13）を書いていましたから、研究を続けさせてほしいと言いました。それで、研究する学長ってのはあまりきいたことがないけれど、それでもいいと学内が認めてくれたので引き受けたのでした。

　引き受けたその月に、小泉内閣が国立大学法人化問題を出してきたのです。前任者の加藤幹太学長は「宮本さん、すまないことをした、研究でき

（＊12）国連「持続可能な開発目標（SDGs）報告2023：特別版」。
（＊13）宮本憲一『戦後日本公害史論』岩波書店、2014年。この業績により2016年、日本学士院賞を受賞。

る学長と聞こえのいいことを言ったが、たいへんなことになった。国立大学始まって以来の大改革に直面することになった」と言うのです。ひどい目に遭うなと思ったものですが、それからの３年間は針の莚にいるようなものでした。まさに死闘だったのです。

　昔、私が高等学校の生徒だった頃に「大学法」が出ました。その頃の学生は非常に政治的でしたから、大学法が大学の自由を阻害するということで、教官まで巻き込んで、全国的に旧制高等学校の学生のストライキが行われました。結局、世論と運動の圧力で大学法は国会を通らず、私たちは勝ったのです。

　ですから私は、こういう問題は教官だけではなく、学生が知らなければならないことだと思い、自治会の幹部と話をしました。国立大学法人化案を知っているかと言うと、知らないというのです。大改革なので知らないのでは困る、学生大会を開かないかというと、開く意志がないのですね。そこで、ちょっとまずいのですが、学長の命令で全学集会を開いたのです。この法律は、予算の削減と学外からの規制が入ってくるので、これでいいのか具体的に説明し、もっと勉強してほしいと話したのですが、質問が出ないで静かに終わったのですね。がっくりしました。

　それからしばらくして、学生が来ました。「先生、阪神が勝利したので、阪神タイガースの勝利大集会を開きたいので、学長のお祝いの言葉をお願いします」と言う。これはまいりましたね。全学集会のときは黙っていたのに、阪神祝勝集会はするのかと。とは言え、自発的に共同で行動することは良いことだと思いまして、その勝利集会で講演をさせられました。

　このことで私は、大きな違いをやはり感じるのです。戦争を経験して、大学はどういうものでなければならないか、滝川事件などいろいろな経験をふまえて、高等学校の学生が、自分が行く大学をこうしたいと希望してストライキをする、それがあたりまえだったわけです。阪神の勝利なら自分のことと思うのに、大学の改革は自分のことではないと思うのでは、ほんとうに困るのです。

大学の法人化の問題では、ずいぶんと苦闘しました。最後の晩に、東京外国語大学の学長が来て「先生、何とかなりませんか」と言うので、小集会を開くなどしました。最終的に決める会議は、今でも違法ではなかったかと思うくらいなのです。無記名で投票するのかと思っていたところ、挙手で決めましょうと突然議長の京都大学総長が提案して、挙手で決めることになったのです。87の大学の学長がいるまわりに、大臣をはじめ文部省の役人がいるわけです。手を挙げたらわかるじゃないですか、「あの学長め、これから予算はやらないぞ」と思われてしまうのではないか。

　前の晩にいろいろと議論して、負けるとしても相当いい線までいくと思っていました。「ここで決めないで、よく議論しましょう」というところに落ち着くのではないかと思っていたのですが、負けてしまいました。あのときのことを考えると、大事なことは時間をかけて学生にも教師にもわからせるように、十分納得して議論して決めるべきであったと思うのです。

■転換期の中の研究・教育の自由

　大学にとって最も重要な運営交付金（経常利益の約40〜50％）を毎年１％ずつ、10年間減らされました。滋賀大学でいえば、毎年約3,000万円以上削らなければならないのです。大学は人件費が中心ですから、３人の教授クラスを減らさなければならない。それを防ぐには、授業料を上げるか、外部からの収入がなければ、任期付きや非正規の教員を雇用しなければならない。大学はこの10年間でガタガタになってしまいました。どの学長も国立大学法人法はよかったと思っていません。よかったと思っているとすれば七帝大だけでしょう。

　これ以降は、外からお金を入れないとならないこととなり、今まで大学として禁止してきた、産学協同や軍学共同に走っていかざるを得ないところにきています。いま、大学院の博士課程に行く人間が少なくなってきて

いる。それは、このようなかたちでポストが少なくなってきているものですから、博士課程まで行っても就職がないのです。公務員になるなかに１％ぐらい博士課程の資格をもった者がいて、これはよいことなのですが、ではどこがいちばん博士の志願者をとっていると思いますか。防衛省なのです。防衛省が大学の博士課程修了者を最も多く雇用しているのです。

日本学術会議も法人化の問題に直面して苦闘しています。戦後最大の転換期のなかで、長い目でみて一番危険なのは、研究・教育の自由が制限されていくことだと思います。こういう事態を招いて、いずれ死んでしまうのはなんとも残念なことであります。みなさんには、ぜひ大学の研究と自由が確保されるようにしてほしい。

今日は、私がやりたいと思って失敗したことをお話しました。これから主体を形成していただきたいですし、できるだけ共同の行動を特に若い人たちにしていただきたいということを希望いたしまして、話を終わらせていただきます。

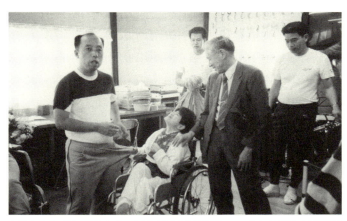

水俣病の患者を慰問する。公害の原点と呼ばれ、いまなお解決の道筋が見えない状況を憂慮し、発言を続けてきた＝熊本県水俣市

【人名注記】

（注１）柴田徳衛（しばたとくえ、1924－2018）

　日本の都市学の創始者。東京高等師範付属、一高、東京帝大経済学部、1944年学徒動員により海軍予備学生、海軍少尉。戦後は、1949年東京都立大学助手、経済学部助教授、同教授として財政学、地方財政論を研究、教育（1971年まで）。戦後初期の留学生としてニューヨークのコロンビア大学で世界的財政学者シャウプ教授の下で研究。1967年誕生した美濃部革新都政において、1971年東京都企画調整局長に就任、「ゴミ戦争」「財政戦争」を遂行。その後公害研究所長として、自動車排ガス公害防止に取組み、環境庁に世界最初の「マスキー法」を施行させる。1980年、公害研究所長を退任し、東京経済大学教授、同名誉教授。

　著作は、戦後都市研究の金字塔といわれる『現代都市論』をはじめ、『日本の清掃問題』『東京』『世界の都市をめぐって』など多数。宮本憲一先生とは、1963年刊行の共著『地方財政』以来、数多くの共同研究がある。また、教育面では、1959年に都立大学（柴田ゼミ）と金沢大学（宮本ゼミ）との間で「交換ゼミ（交歓ゼミ）」を開始。それぞれのゼミがテーマを決めて調査研究したものを対抗試合として発表・討論するとともに、友情の交換をするもので、その開催は延べ24回に及ぶ。現在も、柴田ゼミ卒業生と宮本ゼミ卒業生との交流が続いている。

［宮本背広ゼミ機関誌通刊22号『財政学散歩　特集　柴田徳衛先生追悼』に依る］

（注２）宇沢弘文（うざわひろふみ、1928－2014）

　戦後を代表する経済学者、専門は数理経済学。東京大学理学部数理学科卒、同大大学院、特別研究生。1956年スタンフォード大学に移り、同大経済学部助教授、カリフォルニア大学助教授を経て、シカゴ大学教授。1969年東京大学経済学部教授。その後、新潟大学教授、中央大学教授、2003-2009年同志社大学社会的共通資本研究センター長等を歴任。『自動車の社会的費用』は、当時のクルマ社会に衝撃を与えたほか、現実の経済問題にも精力的に取り組む。水俣病や成田空港問題の解決に力を尽くし、都市・医療・教育・地球温暖化問題などに多くの知見を残す。

　著作は、『近代経済学の再検討』『「豊かな社会」の貧しさ』『「成田」とは何か』

『日本の教育を考える』『社会的共通資本』『ヴェブレン』『好きになる数学入門シリーズ』『経済学は人びとを幸福にできるか』など多数。「ノーベル経済学賞にもっとも近かった日本人」といわれる、その86年にわたる生涯を、佐々木実『資本主義と闘った男　宇沢弘文と経済学の世界』（2019、講談社）が詳細に描いている。

［参照：『宇沢弘文傑作論文ファイル　1928－2014』東洋経済新報社、2016年］

（注３）森嶋通夫（もりしまみちお、1923－2004）

　戦後を代表する経済学者。1942年京都帝国大学経済学部、1943年学徒動員により海軍に入隊、1944年海軍少尉として長崎・大村航空隊に着任、通信士兼暗号士。戦後、1948年京都大学経済学部助手、同助教授を経て、1951年大阪大学法経学部助教授、1963年同大経済学部教授。1969年阪大教授を退職し、1970年ロンドン・スクール・オブ・エコノミクス（LSE）教授となる。1988年LSE定年退職、ロンドン大学名誉教授。1992年大阪大学名誉教授。1950年刊行の『動学的経済理論』で注目される。マルクスやワルラスの理論に独自の解釈を提示、経済社会全体の運動を解析し、日本の経済学を国際的水準にひきあげた。

　著作に『近代社会の経済理論』『マルクスの経済学　価値と成長の二重の理論』『ワルラスの経済学　資本と貨幣の純粋理論』『サッチャーの時代のイギリス　その政治、経済、教育』『思想としての近代経済学』『なぜ日本は没落するか』など多数。自伝三部作として、『血にコクリコの花咲けば』『智に働けば角が立つ』『終わりよければすべてよし』がある。

［参照：「略年譜」（『森嶋通夫著作集別巻』2005、岩波書店）所収］

（注４）小林直樹（こばやしなおき、1921－2020）

　戦後を代表する憲法学者。東京大学法学部憲法第一講座担当を務める（1959－1982）。「伝統的憲法学」の立場を引き継ぎつつ、芦部信喜・和田英夫・高柳信一・星野安三郎・小林孝輔等とともに、戦後第二世代に属する「リベラリスト」の憲法学者と評される。1965年4月に結成された「全国憲法研究会」の発起人。1982年に刊行された『憲法第9条』（岩波新書）において、自衛隊「違憲・合法」論を提唱し、当時の日本社会党の運動方針に一定の影響を与えたとされる。

1943年12月学徒出陣による軍隊勤務経験がある。

著作は『憲法の構成原理』『日本国憲法の問題状況』『日本人の憲法意識』など多数ある。

1983年日本財政法学会の設立に向けて、設立発起人・準備委員代表を宮本憲一先生とともに務める。設立後、初代理事長に就任。

［参照：鈴木敦・出口雄一編『「戦後憲法学」の群像』弘文堂、2021年］

（注５）小林多津衛（こばやしたつえ、1896－2001）

作家、平和運動家。民芸の提唱と実践。長野師範学校時代に武者小路実篤や柳宗悦らの白樺派に出会い、そのヒューマニズムに共鳴。卒業後は、"白樺教師"として個性尊重の自由教育を実践。長野県各地教職を経て小諸第二小学校長、岩村田小学校長、北佐久教育会長となる。1955年に教職を離れ、長野県望月町に帰郷。ロマン・ロラン、シュバイツァー、ガンジーの影響を受け、1970年ごろ赤十字国家論を唱え、日本は防衛費を医療費に切り替え、医師と医療品を世界に届けるべきだと提言した。のち個人雑誌「協和通信」の発刊を始め、同国家論を展開。編纂書に『北佐久郡志』、著書に『善意を世界に』『美と真を求めて』などがある。

（注６）澤地久枝（さわちひさえ、1930－）

ノンフィクション作家。1930年東京生まれ。その後、家族とともに満州に渡る。1949年中央公論社に入社。在社中に早稲田大学第二文学部を卒業。「婦人公論」編集部などを経て、退社後、ノンフィクション作家に。

近衛兵士の反乱を描いた『火はわが胸中にあり』で日本ノンフィクション賞。『滄海よ眠れ』『記録　ミッドウェー海戦』でミッドウェー海戦を克明に跡づけるとともに、日米の戦死者を掘り起こした功績により菊池寛賞。『妻たちの二・二六事件』『密約　外務省機密漏洩事件』『昭和史のおんな』『14歳〈フォーティーン〉満州開拓村からの帰還』など著書多数。

2022年に、宮本先生と対談した「憲法・沖縄・ウクライナ　平和を維持する覚悟」を、宮本憲一『われら自身の希望の未来　戦争・公害・自治を語る』（2024年、かもがわ出版）に収録している。

［参照：澤地久枝『記録　ミッドウェー海戦』ちくま学芸文庫、2023年；前掲『われら自身の
希望の未来　戦争・公害・自治を語る』］

（注7）久場政彦（くばまさひこ、1920－2010）

　戦後沖縄を代表する経済学者。1953年琉球大学社会科学部助教授、1956年ミ
シガン州立大学大学院に学び、1960年琉球大学教授、琉球大学・経済研究所長
を務める。1986年沖縄国際大学商経学部教授。沖縄振興開発金融公庫副理事長、
沖縄経済開発研究所所長、沖縄地域科学研究所理事長などを務める。沖縄経済
学会顧問。戦後の特に沖縄経済の重大な局面、節々で沖縄経済の歪んだ実態を
分析しあるべき姿へ向けての政策を一貫して提言し続けてきた。

　主著に『戦後沖縄経済の軌跡－脱基地・自立経済を求めて』（ひるぎ社、1995
年）。収録されている論考は、財政、通貨、産業、観光、物価、失業、対外収支、
基地、都市、地域離島、環境、高齢化、交通、政治など多岐なテーマを扱い包
括的に戦後の沖縄経済を語るとともに、戦後沖縄経済はどのような道筋を辿っ
たかを示す証言となっている。

　本文にもあるように、1972年沖縄復帰前後に『世界』誌上で宮本先生達と数
度にわたり対談・討論を行い、沖縄経済開発の原則を提言した。

　宮本先生との共同研究として、「基地問題と都市政策」（宮本憲一他編『岩波
講座　現代都市政策XI　都市政策の展望』岩波書店、1973年所収）、「離島振興
政策の検討」（宮本憲一編『講座　地域開発と自治体3　開発と自治の展望・沖
縄』筑摩書房、1979年所収）、「沖縄経済の持続的発展について―沖縄の平和と
文化の歴史にふれて―」（宮本憲一・佐々木雅幸編『沖縄 21世紀への挑戦』岩
波書店、2000年所収）がある。
［参照：前掲『沖縄 21世紀への挑戦』など］

（注8）大田昌秀（おおたまさひで、1925－2017）

　戦後沖縄を代表する社会学者、政治家。参院議員（社民党、比例）、大田平和
総合研究所所長、琉球大学名誉教授、元・沖縄県知事。1941年琉球師範入学、
在学中の1945年鉄血勤皇隊員として沖縄戦を体験。1954年早稲田大学教育学部
卒業後、米国留学し、1958年琉球大学講師、1968年同教授、法文学部長を経て、

第2部　自分史の中から主体的に　77

1990年退官。著書に『沖縄のこころ』『これが沖縄戦だ』『近代沖縄の政治構造』『沖縄の民衆意識』など多数。沖縄と本土人との差別是正を訴えている。1990年沖縄県知事に当選、12年ぶりの革新県政誕生となった。1995年米軍用地の強制使用手続きに関わる代理署名を拒否。12月村山首相は職務執行命令を求める行政訴訟（沖縄代理署名訴訟）を起した。1996年8月最高裁で敗訴。同年9月基地整理・縮小と日米地位協定見直しを問う県民投票を実施。過半数が見直しについて賛成し、その結果を持って橋本首相と会談。首相が沖縄経済振興への政府の新たな取組みを示し、理解を示したことを評価し、代理署名に応じた。1997年4月改正駐留軍用地特別措置法が成立。1998年2月米軍普天間飛行場の返還に伴う海上航空基地（ヘリポート）建設について、建設候補地の名護市での市民投票で建設反対が過半数を占めたことにより反対を表明。同年3選をめざすが、落選。1999年1月基地問題や高齢化社会などについて研究し、政策を提言する大田平和・総合研究所を開設。2001年7月社民党から参院選比例区に当選。

（注９）下河辺淳（しもこうべあつし、1923－2016）

　エコノミスト、開発プランナー、元・国土庁事務次官。戦後復興院技術研究所入りし、いち早く工業立地問題の研究に取組む。その後、経済審議庁、建設省計画局を経て、経済企画庁総合開発局調査官、同局長、国土庁調整局長を歴任し、1977年事務次官に就任。1979～92年総合研究開発機構理事長。その業績は高度成長期の「新全総」（第二次全国総合開発計画）から、地方定住を打ち出した「三全総」へと続く。（田中角栄の日本列島改造論に影響をあたえる。）中国・揚子江などの開発に参画。1992年東京海上研究所が設立され理事長。1995年阪神・淡路復興委員会委員長に就任。国土審議会会長も務めた。1998年国土計画参画からの引退を表明。

　著書に『情報化社会との対話』『都市開発の展望』『日本の明日』『90年代日本の課題』（編著）など。

（注10）屋良朝苗（やらちょうびょう、1902－1997）

　戦後沖縄を代表する教育者、政治家。1930年広島高等師範学校卒業（現広島大）。沖縄県立第一高女や台北師範などで教鞭をとり、1946年台湾から引き揚げ。

戦後、知念高校長、沖縄群島政府文教部長を歴任。1952年沖縄教職員会を創立、会長を16年間務める。沖縄復帰運動に尽力、1953年沖縄諸島祖国復帰期成会を結成、会長に就任。1968年革新に推され、初の公選で、琉球政府主席。1971年「復帰措置総点検プロジェクトチーム」を発足、「復帰措置に関する建議書」を作成し、同年11月に東京に持参した。1972年に復帰後初の沖縄県知事に当選。1976年知事引退。

著書に、『沖縄はだまっていられない』（エール出版社、1969年）『私の歩んだ道』（屋良さんを励ます会、1968年）がある。回顧録として、『屋良朝苗回顧録』（朝日新聞社、1977年）。

「『祖国復帰の父』と言ったとき、1972年の日本復帰以前に生を受けた世代の多くは、屋良朝苗氏の顔を思い浮かべることだろう。68年11月の初の主席公選で沖縄住民が選んだ琉球政府主席である。」「屋良氏は沖縄教職員会会長を務め、50年代から沖縄の戦災校舎復興のため募金を呼び掛ける全国行脚をしながら、沖縄の日本復帰を訴えてきた。」「屋良氏は沖縄問題をコンクリートのように厚く巨大な障害物に例え、これに立ち向かうときに鋭利な刃物で立ち向かえば「刃こぼれする」だけだと捉え、全県民的な支持を背景に粘り強く日米に対峙する「鈍角の闘争」を真骨頂としていた」（『一条の光　屋良朝苗日記』琉球新報社、2015年より）。

（注11）平良敏子（たいらとしこ、1921－2022）

染織家、芭蕉布織物工房主宰、喜如嘉芭蕉布事業協同組合理事長、喜如嘉の芭蕉布保存会会長。結婚、夫の出征を経て上京、食品会社に勤めるが、のち帰郷。養蚕業をする傍ら、芭蕉布織を始める。1944年女子挺身隊の一員として岡山県万寿航空機製作所で働いていた時、大原総一郎（当時倉敷紡績社長）の配慮で沖縄工芸についての指導を受ける。戦後1946年帰郷、一家の大黒柱として働き、育児の傍ら絶滅寸前の喜如嘉の芭蕉布の復興につとめ、沖縄の代表的工芸品に育てあげた。1962年芭蕉布工房開設。1974年喜如嘉の芭蕉布が重要無形文化財総合指定され、2000年自身も人間国宝に認定される。国内での個展、工芸展に出品のほか、「日本の染織屋」（1984年・コペンハーゲン）、「喜如嘉の芭蕉布展」（89年・米国コロンビアアートセンター）など海外にも出品。著書に『平良敏子

の芭蕉布』がある。

（注12）都留重人（つるしげと、1912－2006）

　戦後を代表する経済学者。1929年第八高等学校に入学、1930年八高社研の一員として治安維持法違反容疑として検挙される。1931年米国に留学、ハーバード大学へ。シュンペーター、レオンチェフに師事、サミュエルソン、P・スウィージー、ガルブレイスらと親交。日米開戦により1942年帰国。終戦時の1945年ソ連に伝書使として終戦工作の出張。戦後、1947年経済安定本部（のちの経済企画庁）にはいり、最初の『経済白書』を執筆、この年「統計研究会」主査。1948年東京商大（現一橋大）教授、「平和問題談話会」に参加。1963年統計研究会に「公害研究委員会」発足、委員長。1972年一橋大学長に就任。1975年朝日新聞論説顧問就任。1979年日本環境会議代表。1990年日本学士院会員。

　著作に、『国民所得と再生産』『現代資本主義の再検討』『現代資本主義と公害』『公害の政治経済学』『世界の公害地図』『不確実性の時代』（ガルブレイスの著書を監訳）『日米安保解消への道』『制度派経済学の再検討』など多数。自伝として、『いくつもの岐路を回顧して：都留重人自伝』がある。最後の著書は『市場には心がない：成長なくて改革をこそ』。

　後掲の回想集において宮本先生は、「都留重人の膨大な著作を一貫して流れているのは資本主義批判である。市場原理主義と個人主義の新古典派経済学を批判し、マルクス経済学をふくむ広義の制度学派の理論を提示されている。一流の社会評論家であり、少なくとも5年に一度は時評をまとめることを自らに課していた。日本の政治にたいしては、日米安保体制廃棄を一貫して主張。自らを現実主義的理想主義者といっているように、大衆が納得し、世論が支持できるような現実的な政策提言をされてきた。そのために、都留経済学は被批判者、政府関係者や財界人をふくめて、ファンが多く、日本の経済学会や社会に大きな影響をあたえたのである」と述べている。

　宮本先生は、3人の師匠がおられることに常々言及しており、島恭彦先生、水田洋先生とともに都留重人先生はそのおひとりである。また、1948年に自宅で卒業生の社会人と新刊の洋書を原則として使う「都留・背広ゼミ」が始まり、2005年までの57年の歩みがあるとされる。宮本先生が主宰する「宮本・背広ゼミ」

は、この「都留・背広ゼミ」に倣ったものとされる。

[「都留重人略年譜」「都留重人の資本主義批判」「「背広ゼミ」から見た教育者　都留重人先生の横顔」尾高煌之助・西沢保編『回想の都留重人　資本主義、社会主義、そして環境』勁草書房、2010年所収などにより構成]

（注13）華山　謙（はなやまゆずる、1939－1985）

　　社会工学者。1967年東京大学大学院農学系研究科博士課程を修了し、農学博士。東京大学農学部助手を経て、1971年から東京工業大学助教授、1979年に同教授。この間、建設省住宅宅地審議会、河川審議会の専門委員、東京湾フォーラム委員会代表などを務め、多方面でエネルギッシュに活躍したが、40歳代半ばで他界。公害研究委員会に参加し、1970年創刊された『公害研究』の編集に携わる。また、美濃部都政における公害対策の取組みに参画。

　　著作に、『地価と土地政策』『環境政策を考える』『現代の土地神話』など。

[参照：岡本雅美「華山　謙　その未完の航跡」宮本憲一・淡路剛久編『公害・環境研究のパイオニア―公害研究委員会の50年』岩波書店、2014年所収)]

（注14）瀬長亀次郎（せながかめじろう、1907－2001）

　　沖縄の戦後政治を代表する一人。元衆院議員。日本共産党名誉幹部会委員。戦前は京浜地区で労働運動に参加、治安維持法違反で３年の刑を受ける。戦後1946年「うるま新報」（現・琉球新報社）社長となる。1947年沖縄人民党を結成し、書記長となり、以後政治運動に専念、沖縄の革新勢力のリーダーとして活躍した。1952年初の立法院議員選挙で最高得票を獲得し琉球政府立法院議員に当選、就任式典では居並ぶ米軍高官を前に宣誓を拒否した。1954年米軍による同党弾圧で2年間投獄される。1956年武力による米軍用地の強制収用に抵抗する"島ぐるみ闘争"の中で圧倒的な人気で那覇市長に当選したが、わずか10か月で米軍から追放された。1970年初の国政参加選挙から衆院議員に当選。1973年沖縄人民党は日本共産党に合流、党幹部会副委員長となる。連続7期務め、1990年引退。地元では沖縄革新の顔として"カメさん"の愛称で親しまれた。

（注15）**團藤重光**（だんどうしげみつ、1913−2012）

　戦後刑事法学の巨星。1937年東京帝国大学法学部助教授、刑事訴訟法を担当。戦後1945年に司法省嘱託となり、刑事訴訟法の全面改正に携わる。1947年教授、刑法学に研究の重点を移行。東京大学を1974年に定年退官後、同年10月から最高裁判事を務める（1983年11月まで）。最高裁退官後は、死刑廃止論を熱心に主張。

　最高裁入りした頃は、最高裁の路線転換確立後の時期にあたる。大阪空港公害訴訟に小法廷係属時から大法廷判決まで終始関与し、大法廷判決で認められなかった差止請求（却下）および将来の損害賠償請求（棄却）のいずれにも反対意見を書いた。本文にあるように、小法廷から大法廷への回付に対して最後まで反対し続けたとされる。

［参照：渡辺康行「「リベラルなタカ―団藤重光」」渡辺康行・木下智史・尾形健編『憲法学からみた最高裁判所裁判官　70年の軌跡』日本評論社、2017年所収］

（注16）**斎藤幸平**（さいとうこうへい、1987−）

　経済思想家。東京大学大学院総合文化研究科准教授。東京大学中退、米ウェズリアン大学卒業後、渡独。ベルリン自由大学哲学科修士課程、フンボルト大学哲学科博士課程修了。2018年、*Karl Marx's Ecosocialism : Capital,Nature,and Unfinished Critique of Political Economy*（邦訳『大洪水の前に』）によってマルクス研究の最高峰、ドイッチャー記念賞を日本人初、史上最年少で受賞。同書は世界9か国で翻訳刊行されている。日本国内では、晩期マルクスをめぐる先駆的な研究によって「日本学術振興会賞」受賞。大阪市立大学准教授を経て現職。

　2021年に宮本先生と対談した「人新世の環境学へ」を、『われら自身の希望の未来　戦争・公害・自治を語る』に収録している。

　著作に、『人新世の「資本論」』『大洪水の前に―マルクスと惑星の物質代謝』『マルクス解体　プロメテウスの夢とその先』など。

［参照：前掲『マルクス解体』；前掲『われら自身の希望の未来　戦争・公害・自治を語る』］

　人名注記については、第2部講演で宮本先生の研究史や社会活動をめぐる多彩な方々を紹介する補足資料として、栗本直樹（編集委員）が作成した。

作成にあたっては、各項に掲げている参照文献のほか『20世紀日本人名事典』(2004、日外アソシエーツ）に拠った。

　沖縄にかかる人名注記については、真喜屋美樹氏（独立行政法人国立高等専門学校機構　沖縄工業高等専門学校　総合科学科特命准教授）の協力を得ました。ここに記して謝意を申しあげます。

【宮本憲一略年譜】

1930年2月　台湾台北市に生まれる

1933年4月　京大滝川事件

1942年4月　台北州立台北第一中学校入学

1945年4月　海軍兵学校入学

　　　8月　敗戦により同校修了、復員して山口（防府）から金沢へ。その途中、被
　　　　　　爆直後の広島の惨状を目のあたりにする。

1946年9月　旧制第四高等学校入学

1948年11月　大学法試案要綱発表

1950年4月　旧制名古屋大学経済学部水田洋ゼミに入る。

1951年3月　大学管理法案、国会提出

　　　11月　同法案、国会で不成立

1953年4月　金沢大学法文学部助手（1955年同講師、1960年同助教授）

1959年　　　東京都立大学柴田徳衛ゼミと交換ゼミを開始

1963年　　　この年の春、都留重人から相談を受ける。公害研究委員会設立（7月）

1964年4月　『恐るべき公害』（庄司光共著、岩波書店）

1965年4月　大阪市立大学商学部助教授（1972年同教授）

1967年10月　『社会資本論』出版

1969年3月　柴田徳衛と初の沖縄調査

1970年3月　国際社会科学評議会主催「環境破壊に関する国際シンポジウム」（東京）、
　　　　　　東京宣言として環境権を提唱

　　　7月　『世界』誌上で、久場政彦と対談「沖縄経済開発の七原則」を発表

1971年7月　沖縄開発シンポジウム「新しい沖縄を求めて」

　　　11月　沖縄「復帰措置に関する建議書」

1972年5月　沖縄復帰

　　　6月　国連人間環境会議開催（ストックホルム）、人間環境宣言採択

1973年1月　『地域開発はこれでよいか』（岩波書店）出版

1974年10月　大阪空港公害訴訟控訴審原告側証人として証言

1975年11月　大阪空港公害訴訟控訴審、大阪高裁判決、原告側全面勝訴（飛行差止請
　　　　　　求認容他）

1979年4月　『講座　地域開発と自治体　環境と自治の展望・沖縄』出版

　　　7月　森嶋通夫「新「新軍備計画論」」発表

1980年8月　『都市経済論』出版

1981年12月	大阪空港公害訴訟上告審、最高裁大法廷判決、飛行差止請求は「不適法」として却下判決、過去の損害賠償は認めるものの、将来賠償は棄却
1989年6月	『環境経済学』出版
7月	第15回アルシュ・サミット、地球温暖化問題の討議はじまる
1992年6月	国連環境開発会議（20年ぶり、リオデジャネイロ）に、日本NGO代表で参加、リオ宣言・アジェンダ21を採択
1993年3月	大阪市立大学を退職
4月	立命館大学教授
11月	環境基本法（1967年制定の公害対策基本法を廃止）
1996年　春	「沖縄持続的発展研究会」発足
2000年3月	立命館大学を退職
5月	『沖縄21世紀への挑戦』出版
2001年7月	滋賀大学学長就任
	この年4月に発足した小泉内閣が、国立大学法人化の方針を打ちだす
2002年4月	国大協臨時総会にて、法人化に同意する旨の会長談話承認を強行採決
2004年4月	国立大学独立行政法人化
7月	滋賀大学学長退任
2010年1月	『沖縄論──平和・環境・自治の島』出版
2014年7月	『戦後日本公害史論』出版
2015年9月	安全保障関連法、集団的自衛権容認
2016年	日本学士院賞
2020年	年初より、新型コロナウイルスによる感染症増大（4月、第1回目の緊急事態宣言）
10月	菅首相、日本学術会議会員候補者のうち、6人の任命を拒否
2021年8月	『宮本憲一先生卒寿記念　未来への航跡』出版
2022年2月	ロシア・ウクライナ戦争はじまる
7月	国連総会、環境権確立の決議
12月	いわゆる安全保障関連3文書改定
2024年3月	『われら自身の希望の未来』出版
4月	背広ゼミ総会開催、講演「自分史の中から主体的に」

＊宮本背広ゼミナール編『宮本憲一先生卒寿記念　未来への航跡　環境と自治の政治経済学を求めて』（かもがわ出版、2021年）所収の「宮本憲一教授略年譜」等をもとに作成。

解説

都市と農村のドラマに挑んだ時代の遊撃手

　「歴史に学び、現場に行く」。歴代の宮本憲一ゼミナールの鉄則だが、本書を読めば宮本先生こそ、その最大の実践者であることがよく分かる。高度成長期、ゲルマン民族の大移動を超える人口が農村部から三大都市圏に動き、公害問題が爆発した。揺れ動く時代、社会的災害の渦中に飛び込んで解決の処方箋を指し示してきた。現状分析を社会思想の文脈に位置づけ、理論と政策を追求する中で共同社会的条件として社会資本、都市、国家、環境を包含した「容器の経済学」を構築した。警世の書『恐るべき公害』（1964年）以来、環境経済学の地平を切り開いてきたその軌跡は『戦後日本公害史論』（2014年、日本学士院賞）が示している。

　この容器の経済学には「農村」が射程に入っている。日本で初となる『都市経済論』（1980年）をまとめた後、農村の研究をしようと北海道の中札内村、池田町、長野県の佐久総合病院、八千穂村（現佐久穂町）、南牧村、大分県の湯布院町（現由布市）など調査する。そして、長野県望月町（現佐久市）に滞在拠点を設け、1992年、「信州宮本塾（旧・もちづき宮本塾）」をスタートさせた。大学のある大阪から、毎月、望月町に赴き、塾で学習し、住民たちと酒を酌み交わし、地域課題に向き合った。都市経済論のパイオニアは農山村の持つ魅力や可能性とともに、農業政策はあっても体系的な農村政策がない現実に気付く。ここが本書の最大の読みどころだろう。

都市と農村をどう共存させるか、外から工場や原発などを誘致する外来型開発ではなく、知恵や資源が地域で循環する維持可能な内発的発展の道筋がある。都市と農村の共存という産業革命以来、社会科学が明確な解答を出せなかった命題に果敢に切り込み、ドイツ、イタリアにまで足を運ぶ。パルコやクラインガルテンという、自然と農、市民の暮らしが溶け合う情景に触れて考える。「都市は農村があってこそ維持できる、農村がなくなれば都市はなくなる」。社会学者マンフォードが見抜いた原理を、過密と過疎が加速度的に広がり、農業者が激減する日本の現場に立って追究してきた。

　2024年夏、各地でコメが値上がりし、スーパーで品薄が相次ぐ「令和の米騒動」が起きた。前年産米の猛暑被害、インバウンド（訪日客）による消費増などが理由とされたが、わずかな変動で品薄になるという脆弱な構造が浮き彫りになった。宮本先生は自給率38％という、日本の食をめぐる現状に警鐘を鳴らす。食料が自給できない国は先進国と呼べるのか。農業を主な仕事にする「基幹的農業従事者」は2024年2月時点で111万4千人となり、四半世紀で半減した。高齢化が進み、70歳以上が約6割を占める。担い手は不足し、減少に歯止めがかからない。穀物や肥料の安定供給が気候変動と各地の紛争により世界的に脅かされている。「日本は第2次大戦直後のように飢餓線上に陥る危険が出てくる。これは農村の農民の課題ではなく、都市を含めた国民全体の課題だ」。一極集中の東京をはじめとする都市圏に暮らす住民が主体として行動し、農業者と連帯することで活路を開こうというメッセージが伝わってくる。

　本書『未来への選択』は、『未来への航跡』（2021年）『われら自身の希望の未来』（2024年）に続く背広ゼミナール編の3冊目となる。迫り来る気候崩壊、コロナ・パンデミック（世界的大流行）、ロシア・ウクライナ戦争という、地球を覆う三大危機に突き動かされる形で宮本先生は講演や気

鋭の論客との対談を繰り返した。ノンフィクション作家澤地久枝さんは戦争を防止し平和を維持する覚悟を語った。『人新世の「資本論」』の著者で哲学者の斎藤幸平さんは資本主義に代わる道として脱成長コミュニズムという新しい地平を指し示した（いずれも『われら自身の希望の未来』所収）。

　成り立ちは以下だ。2024年4月27日に京都市で前掲書の刊行記念を兼ねたゼミ総会を開いた。宮本先生の基調講演「自分史の中から主体的に」を聞かれた、かもがわ出版の吉田茂編集長から、ぜひ書籍化をという申し出をいただいた。これが本書の第2部になっている。その後、長野県佐久市であった佐久総合病院の農村医学夏季大学講座や信州宮本塾での講演を総合したものが第1部となっている。

　本書には戦後社会の荒野を歩んできた宮本先生が人生のエッセンスとして凝縮されている。第2部の「絶対平和主義を貫けるか」が示すとおり、都市も農村も平和なくして発展も再生もない。維持可能な内発的発展は平和の中でのみ実現しうる。それが共生の経済学といえる共同社会的条件の追究のベースにある。

　学生時代からの親友で歴史学者の大江志乃夫さんは若き日の宮本先生を紹介する記事で「変り身早い"遊撃手"」（『日本読書新聞』1964年7月6日付）と形容した。同時代の矛盾が噴きだした現場に身を置き、公害訴訟や住民運動といった修羅場で事態の推移を観察、分析し、提言する。政策科学は真剣勝負だ。状況に応じてすばやく問題の根源を剔出し、責任を追及し、被害者の救済に動く。

　本書で宮本先生が問うているのは未来社会を選び取る一人ひとりの主体的な行動である。戦後最大の転換期に差しかかる今、社会変革を目指してきた時代の遊撃手が、都市と農村のエコロジカルな共存の中に平和で維持可能な未来社会の希望を見出していることを胸に刻みたい。

　　2024年12月

　　　　　　宮本背広ゼミナール編集委員会・加藤正文

宮本 憲一（みやもと・けんいち）

環境経済学の第一人者。大阪市立大学名誉教授、元滋賀大学学長。1930年、台北生まれ。旧制第四高等学校、名古屋大学卒。金沢大学法文学部助教授、大阪市立大学商学部教授、立命館大学政策科学部教授などを歴任。『社会資本論』『都市経済論』『環境経済学』『戦後日本公害史論』など著書多数。2016年、『戦後日本公害史論』で日本学士院賞。京都市在住。

宮本背広ゼミナール

金沢大学、大阪市立大学、立命館大学の3大学にわたる歴代の宮本憲一ゼミナールの卒業生を中心にした研究会。1968年、宮本先生を囲んで卒業生が勉強会を始めたのが出発点。名称は、経済学の泰斗、都留重人先生が社会人を中心に主宰していた「背広ゼミ」に倣ったとされる。1996年から京都市内で月1回の勉強会を重ねてきた。古典を中心とした文献講読、話題の書に加え、折々の課題について論議している。沖縄や四日市など現地視察することもある。時には先生自身が報告されることもある学びの場である。

編集委員（五十音順）

　　加藤憲治（かとう・けんじ）　　　大阪市職員
　　加藤正文（かとう・まさふみ）　　神戸新聞経済部長・特別編集委員・論説委員
　　栗本直樹（くりもと・なおき）　　大阪市職員
　　栗本裕見（くりもと・ゆみ）　　　大阪公立大学都市科学・防災研究センター客員研究員
　　黒澤美幸（くろさわ・みゆき）　　立命館大学OIC総合研究機構客員研究員
　　山田　明（やまだ・あきら）　　　名古屋市立大学名誉教授

毎月、古典や時論を輪読し、論議する。背広ゼミナール
（2019年5月、京都西院）

未来への選択──都市と農村の共存をもとめて

2025年1月30日　第1刷発行

著　者　宮本　憲一
発行人　田村　太郎
発行所　株式会社 かもがわ出版
　　　　〒602-8119 京都市上京区堀川通出水西入ル
　　　　TEL 075(432)2868　FAX 075(432)2869
　　　　ホームページ http://www.kamogawa.co.jp
印刷所　シナノ書籍印刷

ISEN978-4-7803-1359-8 C0033　　Ⓒ 2025 MIYAMOTO KEN'ICHI

宮本憲一先生卒寿記念

未来への航跡
環境と自治の政治経済学を求めて

○宮本背広ゼミナール・編

宮本先生の70年に及ぶ全業績を網羅。社会資本、都市、国家、環境という未踏の領域に切り込んできた研究の軌跡を辿る。140頁の著作目録、寄稿、ブックガイドなど。

［A5判・334頁・本体3600円］

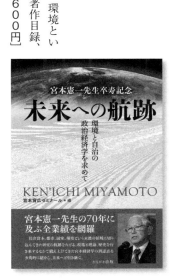

宮本 憲一

われら自身の希望の未来

戦争・公害・自治を語る

○宮本背広ゼミナール・編

斎藤幸平、澤地久枝、アイリーン・美緒子・スミス、加茂利男各氏との対談と、マルクスと環境、戦争と沖縄、四日市と水俣、自治と未来を語った近年の6講演を収録。

【A5判・296頁・本体3200円】